KB138704

이브 프로젝트

이브 프로젝트

페미니스트를 위한 여성 성기의 역사

글·그림 리브 스트룀키스트 / 옮김 맹슬기

푸른
지식

사라 한손, 사라 그라네르 그리고
리비아 로스토바뉘이에게 감사합니다.

안녕하세요, 여러분!

아마도 여러분은 우리 사회에서 수치심 때문에 은폐되거나 잘못 낙인찍힌, '여성 성기'라 부르는 것과 관련한 문제를 한 번쯤은 생각해 봤을 거예요.

우리 사회는 여성 성기를 언급하기를 꺼리죠. 그것은 부적절한 주제라며 침묵 속에서 묵살되고 있습니다.

심지어 그 이름까지 잘못 지어졌습니다!

여러분도 부계 사회에서 만들어진 이 굴욕적인 은폐에 불만을 품은 적이 있으시겠죠?

그런데 우리 사회는 그보다더 심각한 문제로 망가지고 있답니다!

그 문제는 일부 남성에 관한 것이죠. 그들은 우리가 "여성 성기"라고 부르는 것에 너무나큰 관심을 쏟았던 이들입니다!

이 남성들은 '여성 성기'에 완전히 빠져버려서, 우리 사회에 큰 문제를 일으키는 원인을 제공하기에 이르렀습니다.

크리스토퍼 콜럼버스가 대륙의 곳곳에 자기 이름과 친구들의 이름을 갖다 붙인 것처럼,

쓸데없는 에너지가 넘쳐흐르던 그 남성들은 여성의 가장 어둡고 습한 구석구석까지 점령하려고 했습니다.

심심풀이로 그랬을 수도 있겠죠. 네, 좋아요. 하지만 여러분 중 많은 분이 앞으로 이 책을 보면서 '여성 성기'에 강박증이 있는 남자들이 조금만 덜 열정과 성의를 보여줬으면 좋았을 뻔했다고 생각하실 거예요.

지금까지 여성이 지나온 역사와 현재 사회를 들여다보면,

이 남성들이 우리가 '여성 성기'라고 부르는 것에 조금만 덜 미쳐 있었더라면 참 좋았으리라는 생각이 들 겁니다!

앞으로는 남성이 그런 방식으로 가지 않도록 유도하고자

여러분께 이 남성들의 명단을 소개합니다!

'7위'는 존 하비 켈로그
(John Harvey Kellogg, 1852~1943년) 박사.

여러분은 존 하비 켈로그 씨가
우리가 익히 잘 아는 콘플레이크만
발명했으리라고 생각하시나요?

천만에요!
그는 엄청나게
많은 일을
했답니다.

켈로그 박사는 여성 성기를 어찌나 편애했는지,
여성이 그것을 만져서는 안 된다고 생각했어요.

나는 의사일 뿐만 아니라
콘플레이크를 발명했소.

그리고 그 기회를
이용해서 여자가
성기를 만지지
못하게 했지.

우리의 존 하비 켈로그 박사는 여자의 자위를
막겠다는 일념에 불타올랐어요! 당시 의학계에서는
자위에 반대하는 세력이 매우 강했어요.

그리하여 켈로그는 위생 지침서에서 자위가
자궁암, 뇌전증, 정신착란과 같은 다양한
정신적·육체적 결함의 원인이라고 밝혔습니다.

제가 왜 암에 걸린 거죠?

음핵(clitoris)을 자극했기 때문이오.

제가 왜 정신병에 걸린 거죠?

음핵을 자극했기 때문이오.

왜 다리가 아픈 거죠?

음핵을 자극했기 때문이오.

등등!

마침내 켈로그는 자위를 억제하기 위한 치료책을
발견했지요. 켈로그의 책*에 이렇게 쓰여 있어요.

여성의 음핵에
석탄산(phenol)을
바르면,

비정상적인 흥분을
가라앉히는 데 큰 효과가
있다는 것을 발견했다.

10

*『젊은이와 노인을 위한 몇 가지 진실(Plain Facts for Old and Young)』,
벌링턴(Burlington), 로와(Lowa), F.제그너사(F. Segner & Co.), 1888년.

그럼 켈로그가 끼친 영향 중 최악은 뭘까요?
여러분, 켈로그 콘플레이크 광고 기억 나세요?
식욕부진에 걸린 듯한 여자가 수영장 앞에서
스트레칭을 하면서, 아침에는 (우울한) 콘플레이크
한 사발을 먹으라고 권하는 광고 말이에요.
그것이야말로 아름다운 인생이라면서……

> 카르페
> 디엠*

* 역주: 카르페 디엠(carpe diem)은 '현재 이 순간을 즐겨라.'라는 뜻의 라틴어.

우리는 그런 가짜 이미지에 현혹되어선 안 돼요.
그리고 최소한 이걸 기억하세요.
콘플레이크의 창설자가 음핵에
산(酸)을 들이붓는 것을
아주 좋아했다는 사실을!

자, 이제 '여성 성기'라고 불리는 것에
심하게 열중했던 또 다른 남자
'6위'를 보실까요?

아이작 베이커 브라운(Isaac Baker Brown, 1811~1873년) 박사.

아이작 베이커 브라운 박사 역시
여성의 자위를 격렬하게 반대한 사람이었어요.
그가 여성의 자위를 억제하려고 내놓은 방법은
음핵 제거였습니다!

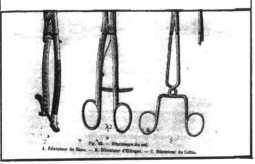

Fig. 95. — Dilatateur du col.
A. Dilatateur de Sims. — B. Dilatateur d'Ellinger. — C. Dilatateur de Collin.

음핵 제거는 당시에 아주 일반적인 수술이었습니다.
스웨덴에서도 많은 의사가 이 수술을 집도했습니다.*

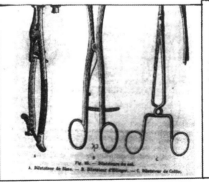

Fig. 95. — Dilatateur du col.
A. Dilatateur de Sims. — B. Dilatateur d'Ellinger. — C. Dilatateur de Collin.

* 다음 책을 보십시오. 닐손 울리카(Nilsson Ulrika),
「여성의 투쟁(Kampen om Kvinnan)」,
웁살라대학교(Uppsala universitet), 2003년.

11

베이커 브라운 박사는 음핵 제거에 깊은 애착이 있었습니다. 브라운은 모든 종류의 문제를 해결할 대책을 여기서 찾았습니다. 예를 들어 히스테리, 두통, 우울증, 식욕부진과 같은 문제에도 이 수술을 추천했습니다.*

그럼 음핵을 제거하시오!

그럼 음핵을 제거하시오!

그럼 음핵을 제거하시오!

* 낡은 율리카, 56쪽.

1857년, 영국 여성은 이혼할 권리를 취득했습니다. 이혼한 다섯 여자가 덤으로 베이커 브라운의 음핵 제거 수술을 받게 되었습니다.

왜 이래요? 우린 이미 헤어진 사이예요.

당신을 위해 훌륭한 의사, 베이커 브라운 씨에게 예약을 잡아놨소.

* 낡은 율리카, 56쪽.

1860년, 베이커 브라운이 여러 번 환자에게 수술 후의 영향을 설명하지 않고 그냥 수술을 진행했다는 사실이 드러났습니다. 결국 브라운은 의사 자격이 박탈되었죠. 그런데 말이에요, 브라운의 의사 자격을 박탈한 진짜 이유는, 다름 아닌 수술한 여성들의 남편들에게 동의를 구하지 않았다는 것이었습니다.

음핵 제거에는 아무런 문제도 없습니다!

다만 남편의 동의하에 한다면 말이죠!

19세기 말까지도 음핵 제거 수술은 성행했습니다. 1948년 미국에서 마지막 수술이 있었습니다. 다섯 살의 어린 소녀가 자위하는 것을 막으려는 것이었죠.*

손은 이불 위에 놓도록!

알아 들었니?

* 바버라 워커(Barbara Walker), 『여자를 위한 신화와 거짓말 백과사전(The Woman's Encyclopedia of Myths and Secrets)』, 뉴저지(new Jersey), 1996년, 171쪽.

뭐가 어떻게 돌아갔는지,

이해하시겠죠?

12

그럼 바로 '뒤위'로 넘어가 볼까요?

우리의 '뒤위' 주인공은 바로……

성 아우구스티누스(Aurelius Augustinus, 354~430년)입니다.

4세기 기독교의 사상가였던 성 아우구스티누스는 특히 많은 글을 남겼습니다. 물론 우리는 한평생 자신을 바쳐 글을 쓴 사람을 존경하는 편입니다. 비록 그 글에 완전히 동의하지 않더라도 엄지손가락을 올리고 이렇게 말할 수도 있을 거예요.

당신 정말 끝내주게 멋진 일을 했군요!

그런데 정말 안타깝게도, 저는 도저히 아우구스티누스에게 "정말 끝내주게 멋진 일을 했군요!"라고는 말하지 못하겠어요!

왜냐하면 만약 우리의 아우구스티누스가 자신의 제멋대로인 생각과 감정을 그렇게 널리 퍼트리지 않았다면, 지난 16세기 동안 여성의 삶이 훨씬 나았을지도 모르니까요.

뭐요? 밖에서 노는 것보다 나처럼 글을 쓰는 게 더 가치 있지 않소?

그가 쓴 『참회록』에서 성 아우구스티누스는 젊은 시절에 성교와 잠자리 상대를 만나는 걸 즐겼다고 고백했습니다.

기브 앤드 테이크(give-and-take), 사랑은 정말 멋졌소!

관능적인 육체는 특별한 즐거움이었지.

그런데 갑자기, 한 번도 해본 적이 없는 생각이 아우구스티누스의 뇌리에 김이 박혔습니다. 바로 성기는 불쾌하고 나쁜 것이라는 생각이었죠. 그는 이렇게 썼습니다.

나는 더러운 성욕과 끈적진 갈망으로 나 자신을 더럽혔다.

당시에 이러한 관점은 혁명적인 것이었습니다. 고대에는 에로티시즘과 성욕을 신의 선물처럼 여겼기 때문이죠.

그러니까 우리의 아우구스티누스는 아무도 하지 않은 생각에 완전히 사로잡힌 겁니다. 그에게 성기는 신의 선물이 아니라 매우 위험한 물건이었습니다.

봤소? 내가 4세기의 관념을 완전히 뒤집어봤다는 거 아니오!

아우구스티누스는 신을 거역한 아담과 이브에게서 우리가 물려받은 것이 제어할 수 없는 생식기라고 생각했어요. 그런데 왜 성기가 위험하다는 걸까요? 그 증거로, 아담과 이브가 금단의 열매를 깨물다가 들켰을 때 가장 먼저 성기를 가렸다는 것입니다.

그리하여, 신을 향한 뜨거운 사랑을 증명하고자 아우구스티누스는 남은 생애 동안 금욕할 것을 신에게 맹세했어요. 그런데 말이에요, 아우구스티누스가 거기에서 멈췄다편 참 좋았을 뻔했겠죠. 하루하루, 독신으로 남으려는 노력만 했으면 말이에요!

혹시 이런 독신자*를 생각했던 건 아닐까요?

하지만 아우구스티누스는 그 많은 날 동안 금욕만을 생각하면서 지내지 않았단 말입니다!

대신에 성기를 너무도 많이 생각했다고요!

그리고 여자를요! 여자의 성기를요!

아우구스티누스의 머릿속에는 아담과 이브의 죄가 성기를 거쳐서 그다음 세대에게 대물림된다는 생각으로 가득 차 있었어요.

그러니까 모든 사람이 태어나면서부터 죄인이란 말이지!

특히 여성이 더 큰 죄인이며 불결한 존재인데, 그것은 아담이 이브 탓에 금단의 열매를 먹었기 때문입니다. 따라서 여성은 악마의 유혹과 부도덕의 상징이지요.

그런 논리로 여성의 육체는 그리고 무엇보다도 여성의 성기는 신과 반대되는 것이 되었습니다.

아우구스티누스의 뒤를 이어, 다른 기독교인 작가들이 그와 같은 열정을 불태웠지요. 그들 중에 아르노브 데 시카(Arnobe de Sicca)*가 이렇게 썼습니다.

여성의 몸은 타락했고, 부도덕하며, 대소변으로 가득한 비천한 자루나 마찬가지다.

* 3세기 말에 라틴어 작가로 수사학을 가르쳤다.

우리 그만 이쯤에서 아우구스티누스와 그의 친구들하고 작별하는 게 좋겠어요!

여성의 성기에 편집증을 앓았던 남자 중 '나위'를 만나보죠.

'나위'는 누구일까요……

15

존 머니(John Money, 1921~2006년)

의학심리학 교수였던 존 머니는 의학심리학뿐만 아니라 젠더 이분법(gender binary)에도 관심이 많았어요.

나를 그저 의학심리학 교수라고만 생각하면 큰 오산이오!

내가 바로 젠더 이분법의 전문가 란 말이오!

여기서 잠깐, 젠더 이분법이 뭘까요? 그건 우리 사회 전반에서 아주 당연하게 여기는 생각입니다. 바로 젠더*는 여성과 남성, 이 두 가지만 존재한다는 거예요. 그리고 그 둘을 구분 짓는 기준은 생식기관의 해부학적 개념이죠.

* 역주: 젠더는 생물학적인 성(性, sex)이 아닌, 사회적으로 정의된 성을 지칭한다.

그런데 이 젠더 이분법이 문제를 일으킬 때가 있습니다. 우리 사회가 정상이라고 규정짓고 있는 두 가지 젠더에 속하지 않는 생식기를 가진 아기가 태어났을 때죠.

약 1~2퍼센트의 신생아가 여성 혹은 남성이라고 부를 수 없는 생식기를 가지고 태어납니다.

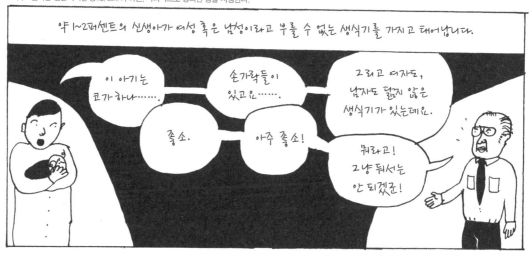

이 아기는 코가 하나……

손가락들이 있고요……

그리고 여자도, 남자도 닮지 않은 생식기가 있는데요.

좋소.

아주 좋소!

뭐라고! 그냥 둬서는 안 되겠군!

존 머니는 이런 아기들은 태어나는 즉시 여성 혹은 남성이 되기 위한 수술을 받아야 한다는 생각을 전파했어요. 이 주장은 거의 만장일치로 받아들여졌고요.

왜 진작 이런 수술을 하지 않았지?

전에는 외과 수술 기술이 부족했잖아.

흠, 그렇기도 하지만……, 사실 예전에는 많은 사회에서 남성이나 여성이라는 분류가 정확하지 않았거든. 그걸 문제 삼지도 않았고 말이야.

그래서 젠더나 성에 대한 모든 유형이 다 받아들여졌어.

그런데 19세기가 되자 사람들은 젠더와 성을 '정상'과 '비정상'으로 나누고, 정의 내리기 시작했지.

바로 푸코(Paul Michel Foucault)가 말한 '생권력(bio-pouvoir)'이 여기서 드러나. 생명을 통제하는 권력의 남용을 뜻해.

그래, 그래, 알았으니까 빨리 메스나 줘!

여성 생식기를 갖게 하는 것이 "더 간편한" 수술이므로, 대부분 아기는 여성이 되었습니다. 그런데 이 수술은 곧잘 생식기의 감각을 손상했어요.* 하지만 의사들에게는 여성 성기를 만드는 것이 곧 일을 줄이는 길이었습니다. 사무실에서 페이스북만 쳐다보는 요즘 사람들과 다를 바 없죠.

*엘리자베스 라이스(Elizabeth Reis), 『불확실한 몸: 미국 간성(間性)의 역사 (Bodies in Doubt: An American History of Intersex)』, 존스홉킨스대학교출판부(Johns Hopkins University Press), 2009년, 136쪽.

흠……. 여자아이로 하자. 얘도 여자아이. 얘도 여자아이. 얘도 여자아이. 오늘은 불타는 금요일이니까. 엑스!

이 의사들이 아기들의 성기를 여성 성기로 전환하면서, 마치 제빵사가 케이크 위에 장미 모양으로 크림을 정성껏 올리듯이, 섬세하게 작은 음순을 만들고 한 땀 한 땀 개성을 살리려고 노력했다고 상상하지는 마세요!

이들은 단지 여성 성기라고 하기에는 너무 큰 부분을 잘라냈을 뿐입니다. '너무 커 보이는' 음핵도 말이에요!

어렵지 않아요! 좀 튀어나온 부분을 제거하면 그만이에요! 그럼 짜잔, 여자 뚝딱 완성!

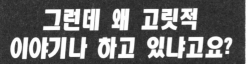

그런데 왜 고릿적 이야기나 하고 있냐고요?

그렇지 않습니다!

지금도 같은 일이 반복되고 있으니까요!

직접 이 글을 한번 읽어보시죠.

현재 스웨덴에서 규정할 수 없는 생식기를 갖고 태어난 아기에게 의학적 치료를 하는 것은 매우 관례적인 일이다.

아주 예민한 신체 일부를 외과 수술로 제거하는 것은 삶 전체에서 치명적인 문제를 유발한다.

* 출처: 위키피디아(Wikipedia)

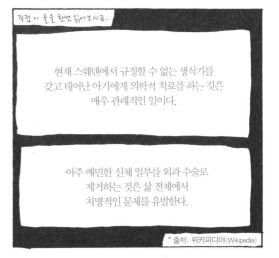

아, 맞아요!

이제 여성의 이쁜이, 씹, 조개……에 제정신을 못 차리던 인물 '3위'를 볼 차례군요.

'3위'는 바로……

마녀 대사냥에 나섰던 선동자들입니다! (15~18세기)

그런데 이상하지 않아요? 도대체 마녀사냥과 여성 생식기가 무슨 상관이 있다는 겁니까?

이건 누가 봐도 이상한 일이라고요!

정말 희한하게도 그들은 마녀재판에서 마녀인지 아닌지를 가려내고자 용의자의 성기를 두고 야단법석을 떨었답니다.

실제로 당시 사람들은 마녀에게 감춰진 피부 돌기, 사마귀 혹은 젖꼭지가 있다고 믿었어요. 악마와 마녀의 패거리가 그것을 통해 결탁한다고 말이에요. *

내 의견은 이렇소. 모호한 것보다 확실한 것이 낫디!

나도 말이오. 왜 아니겠소?!

내 의견은 이래요. 우리는 하지 않은 것을 반드시 후회한디!

난 이렇게 생각합니다. 카르페 디엠!

* 한스 페터 뒤르(Hans Peter Durr), 『문명화 과정의 신화(Der Mythos vom Zivilisationsprozess)』, (스웨덴어 판 『나체와 수치(Nakenhet och Skam)』), 브루투스 외스틀링스출판사(Brutus Ostlings forlag), 심포지온(Symposion), 1997년, 232쪽.

1593년, 마녀재판 중 어떤 사형집행인이 마녀를 가려내고자 용의자의 성기를 살펴봤습니다. 그(참고로 결혼한 남자였습니다.)는 성기에 돌출해 있는 "젖꼭지처럼 생긴 엄지손가락 반만한 살점"이 악마의 표식이라고 판단했어요.

그는 보고서에 이 "살점"이 "확인하기에 적절치 않은 아주 은밀한 곳"에 있다고 했습니다. 그런데도 이것은 매우 중요한 검사이므로 마녀 용의자의 그 은밀한 곳을 사람들 앞에 드러내 진실을 가려야 한다고 주장했어요.*

1634년, 영국 북서부의 랭커셔주에서 열린 마녀재판에서는 마녀 용의자들의 "비밀스러운 신체 부위"에서 다양한 형태인 악마의 표식을 찾아냈습니다.*

이 "기이한 젖꼭지"는 곧잘 논쟁을 불러일으켰어요. 그 예로 1692년 뉴잉글랜드에서 열린 마녀 조사에서 세 명의 마녀 용의자에게서 유방처럼 생긴 비정상적으로 돌출된 살점을 발견했어요. 그런데...... 같은 날 조금 후에 그 "이상한 유방"이 감쪽같이 사라져버린 것입니다!

* 역주: 당시 여성 성기에서 발견한 도드라진 살점을 젖꼭지라고 부른 것이다.

21

스위스 프리부르(Fribourg)주에서 에르니 뷔피오(Emni Vuffiod)라는 여자에게서 악마의 표식을 발견했습니다. 이때 그녀가 이렇게 말했다죠.

흥! 이게 마녀의 표식이라고? 그럼 웬만한 여자들은 다 마녀이게요?*

* 뒤로, 233쪽.

자!

'1위'에 다가갈수록 분위기가 점점 뜨거워지는군요!

이제 여성 성기에 과도하게 관심이 많았던 '2위'를 보실까요?

그의 이름은 바로……

조르주 퀴비에(Georges Cuvier, 1769~1832년) 남작입니다.

그는 남작이었을 뿐만 아니라 동물학자이자 고생물학의 창시자였어요.

퀴비에는 아주 특별한 취미가 있었답니다.

네, 취미 말입니다.

여러분도 은밀한 취미가 있다고요? 오, 걱정하지 마세요! 그의 취미와는 비교도 안 될걸요?

우리의 남작은 말이에요……

나 말이오? 남작으로서 고된 하루를 보내고 난 다음엔 진한 휴식이 필요한 법이죠. 그래서 남다른 취미 활동을 즐기고 있소.

조르주 퀴비에는 사르키 바트만(Saartjie Baartman)이라고 불리는 아주 특별한 여성에게 무척 관심이 많았어요. 정확히 말하자면 사르키 바트만의 은밀한 신체 부위에 말이에요.

사르키 바트만이 누굴까요? 19세기 초 군의관이던 알렉산더 던롭(Alexander Dunlop)이 남아프리카공화국에서 노예로 데려온 코이산(Khoisan) 부족 여성이 사르키 바트만이었어요. 바트만은 강제로 런던으로 끌려왔어요.

런던에 도착한 알렉산더 던롭은 바트만 공연을 열었어요. 공연의 인기는 뜨거웠고, "호텐토트(Hottentot)의 비너스"라는 광고 문구까지 생겼습니다. 왜 비너스냐고요? 바트만은 거의 발가벗은 채로 전시됐거든요.

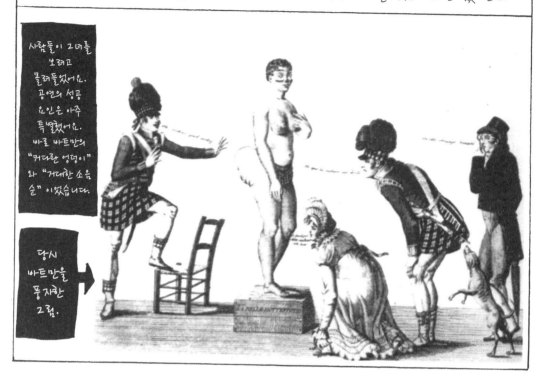

사람들이 그녀를 보려고 몰려들었어요. 공연의 성공 요인은 아주 특별했어요. 바로 바트만의 "커다란 엉덩이"와 "거대한 소음순"이었습니다.

당시 바트만을 풍자한 그림.

노예 문화에 대한 반대가 거세지자 바트만 공연은 문을 닫았습니다. 그리고 바트만은 프랑스로 팔려가 그곳에서도 똑같은 방식으로 사람들에게 전시되었어요.

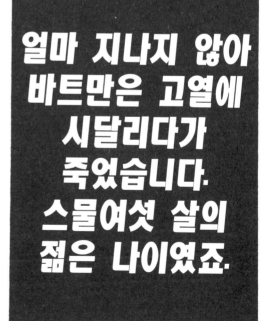

얼마 지나지 않아 바트만은 고열에 시달리다가 죽었습니다. 스물여섯 살의 젊은 나이였죠.

* 역주: 19세기 파리 불로뉴 숲의 동물원에서 원주민을 전시하는 인간 동물원이 열렸다. 당시의 제국주의와 인종주의를 드러내는 역사의 단면이다.

퀴비에 남작은 바트만이 죽었다는 소식을
듣자마자 그녀를 보러 달려갔습니다.
그리고 48시간 만에 바트만 몸 전체를 석고로
모형을 뜬 다음, 중요하다고 생각하는 부위들을
해부했죠. 마지막으로 바트만의 외음부와 뇌는
포르말린 용액에 담가 보관했어요!

퀴비에의 16쪽에 이르는 시체 부검 자료를 보면,
그중 자그마치 9쪽이

외음부

에 관한 것이에요.

반면 뇌에 관한 것은

단 한 줄밖에
되지 않습니다.

뭐 어쨌든! 도대체 왜 조르주 퀴비에는 바트만의
외음부에 그토록 집착했을까요? 그 이유는
퀴비에의 또 다른 아주 특별한 취미 활동에
있었는데요, 그것은 과학적 인종차별*입니다.

* 역주: 과학적 인종차별은 19세기에 인종의 등급화를 과학적으로 이론화한 것을 가리킨다.

퀴비에는 바트만의 외음부를 증거로 흑인의 열등함을
입증하려고 했습니다. 그는 인간의 소음순이 크다는 것은
즉, "짐승의 섹슈얼리티(sexuality)"와 같은
특징이라고 주장했어요.

보세요, 내 말이
옳다니까요.

퀴비에는 문명화한 여성(이라고 쓰고 '백인 여성'이라고
읽습니다.)일수록 그들의 음순은 점점 작게
진화한다고 확신했죠. 그래서 커다란 음순을
인종적 열등함과 방탕한 성생활의 증거로
봤던 거예요.

이렇게 말이에요.

음순

(?)

삼엽충

공룡

오르토케라스

실러캔스

퀴비에의 이론은
불 번지듯이
퍼져나가 과학적
인종차별에 지대한
영향을 미쳤어요!

그러니까 만약 여러분이 뚜렷한 이유도 모른 채, 음순이 크고 못생겼다고 괴로워한 적이 있다면,

그게 다 이 남자 덕분이랍니다!

포르말린 용액 속에 보관된 바트만의 외음부와 뇌는 파리 자연사박물관에 전시되었습니다.

(그리고 파리 인류학 박물관으로 옮겨졌어요.)

1985년까지 말입니다!

남아프리카연방의 인종차별 정책이 끝난 이후 넬슨 만델라는 프랑스 정부에 바트만의 유해 반환을 요청했습니다.

당신들, 아주 아주 조금이라도 제정신을 차릴 수 없겠소?

프랑스 정부는 옛 식민국들이 빼앗긴 것을 돌려달라고 모두 들고 일어설까 봐 무서웠죠. 그래서 요청을 딱 잘라 거절했습니다.

절대 안 되오!

2002년 8월 9일이 되어서야 마침내 바트만은 남아프리카공화국으로 돌아와 땅속에 묻힐 수 있었습니다.

여기에 관한 이야기는 미투 잔얄(Mithu M. Sanyal)의 책 『보지, 보이지 않는 성의 골개(Vulva, Die Enthüllung des unsichtbaren Geschlechts)』(더메네 스크리프테르(Tiderne Skrifter), 2011년, 184쪽)에서 자세히 다루고 있습니다.

자, 이제······

'여성 성기' 라고 부르는 그것에

너무 집착했던 '1위'를 보실까요.

대망의 '1위'는······

스웨덴의 크리스티나(Christina) 여왕의 무덤을 파낸 불경한 무리!

로마 산피에트로대성당에 있는 크리스티나 여왕의 무덤 발굴을 목적으로 하는 기괴한 프로젝트가 시작된 것은 1965년입니다.

1965년에 여왕의 무덤을 발굴하겠다니, 이게 대체 무슨 일입니까?!

『로마에 있는 크리스티나 여왕의 무덤 발굴』이라는 훌륭한 회고록에는 그 의도가 상세하게 적혀 있습니다.

Drottning Christina

GRAVÖPPNINGEN I ROM 1965
AV CARL-HERMAN HJORTSJÖ

BOKFÖRLAGET CORONA · LUND

그중에 이런 내용이 있습니다.

문헌에 따르면 크리스티나 여왕은

전형적인 여성과는 거리가 먼 정신적,

신체적 특성을 가졌다.

이것은 크리스티나 여왕이

간성*일 가능성을 생각하게 한다.

우리는 그 유해에

남성적 특성이 있는지 확인하고자 한다.**

** 칼 헤르만 요르트셰에(Carl-Herman Hjortsjö), 『크리스티나 여왕 (Drottning Christina)』, 코로나(Corona), 룬드(Lund), 1967년, 30쪽.

*역주: 간성은 암수딴몸이나 암수딴그루인 생물의 개체에 암수 두 가지 형질 이 혼합되어 나타나는 것을 뜻한다.

그러니까……

뭐라고요?

크리스티나 여왕이 간성일 수도 있다고요?
이 책은 대체 뭐죠?

음, 이런 주장이 탄생하게 된 배경은 이렇습니다.
1) 1930년대 생리학자, 엘리스 에센
묄레르(Elis Essen-Möller)는 크리스티나 여왕을 다룬
'의학적 관점에서 바라본 인류학 연구'를 발표했습니다.

이 문제를 심오하고 명석하게 분석한 후,
에센 묄레르는 크리스티나 여왕의 성적 구조가
비정상이라고 결론을 내렸습니다.
"모든 증거를 검토해본 결과,
여왕은 여성이지만 완전한 여성은 아니었다.
운명이 그녀를 남성과 여성 사이 그 무엇으로 만들었다."

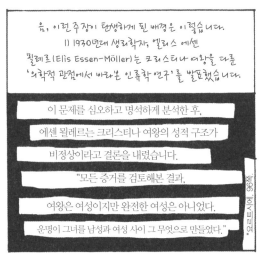

*요르트스베리, 96쪽.

그리고 2) 1950~1960년대에 작가이자
기자였던 스벤 스톨페(Sven Stolpe)는
크리스티나 여왕의 조개에 참견하기 시작했습니다.

스톨페는 크리스티나 여왕이
가성반음양(거짓남녀중간몸증)**이라고
추정하면서 여전히 복잡한 문제라고 밝힙니다.
왜냐하면 "이 가설을 깨려면 단순한 의학적
용어 이상의 것이 필요하기 때문"입니다.*

*요르트스베리, 96쪽.

**역주: 진성반음양은 남성과 고환이 머무 있을 때는 가성반음양은 남성 가성반음양은 남성 생식기가 남성 표현형질 때 혹은 고환이 있는데 여 두 생식기는 여성 표현형질 때를 말한다. 이하적 분류로서 가성반음양의 증상이 더 다양하다.

그런데 왜 이 아저씨들은 크리스티나 여왕이 '가성반음양'이라고 생각했을까요?

확실히 크리스티나 여왕은 상반되는 성격들이 있었는데,
에센 묄레르는 이 성격들을 설명할 방법은
단 하나밖에 없다고 주장합니다.*

한편으로는 여왕은 수학, 천문학, 고전문학,
철학과 같은 우리가 남성적이라고 말하는
엄격하고 정교한 학문에 뛰어났다.

다른 한편으로는,
전형적으로 여자답게
변덕스럽고
제멋대로였다.

*헤윈 뮐레르, 8쪽.

* 엘리스 에센 뮐레르, 『크리스티나 여왕: 의학적 관점에서 바라본 인류학
연구(Drottning Christina : en människostudie ur läkarsynpunkt)』, 글레룹스
(Gleerups), 룬드, 1937년, 8쪽.

28

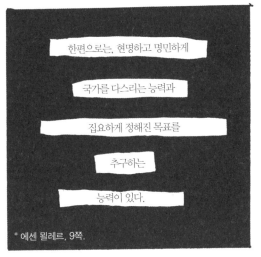

한편으로는, 현명하고 명민하게

국가를 다스리는 능력과

집요하게 정해진 목표를

추구하는

능력이 있다.

* 에센 뮐레르, 9쪽.

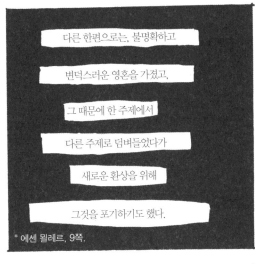

다른 한편으로는, 불명확하고

변덕스러운 영혼을 가졌고,

그 때문에 한 주제에서

다른 주제로 덤벼들었다가

새로운 환상을 위해

그것을 포기하기도 했다.

* 에센 뮐레르, 9쪽.

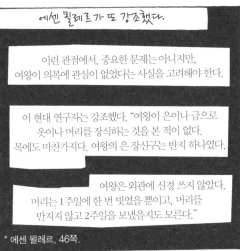

에센 뮐레르가 또 강조했다.

이런 관점에서, 중요한 문제는 아니지만, 여왕이 의복에 관심이 없었다는 사실을 고려해야 한다.

이 현대 연구자는 강조했다. "여왕이 은이나 금으로 옷이나 머리를 장식하는 것을 본 적이 없다. 목에도 마찬가지다. 여왕의 은 장신구는 반지 하나였다.

여왕은 외관에 신경 쓰지 않았다. 머리는 1주일에 한 번 빗었을 뿐이고, 머리를 만지지 않고 2주일을 보냈을지도 모른다."

* 에센 뮐레르, 46쪽.

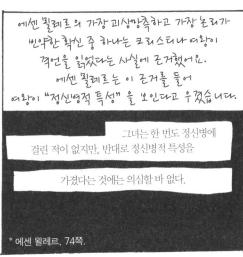

에센 뮐레르의 가장 괴상망측하고 가장 논리가 빈약한 확신 중 하나는 크리스티나 여왕이 격언을 읽었다는 사실에 근거했어요. 에센 뮐레르는 이 근거를 들어 여왕이 "정신병적 특성"을 보인다고 우겼습니다.

그녀는 한 번도 정신병에 걸린 적이 없지만, 반대로 정신병적 특성을

가졌다는 것에는 의심할 바 없다.

* 에센 뮐레르, 74쪽.

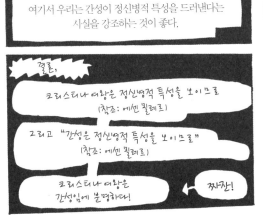

에센 뮐레르는 계속해서 주장했다.

여기서 우리는 간성이 정신병적 특성을 드러낸다는 사실을 강조하는 것이 좋다.

결론,

크리스티나 여왕은 정신병적 특성을 보이므로 (참조: 에센 뮐레르)

그리고 "간성은 정신병적 특성을 보이므로" (참조: 에센 뮐레르)

크리스티나 여왕은 간성임이 분명하다! ← 짜잔!

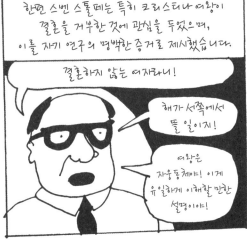

한편 스빈 스톨페는 특히 크리스티나 여왕이 결혼을 거부한 것에 관심을 두었으며, 이를 자기 연구의 명백한 증거로 제시했습니다.

결혼하지 않는 여자라니!

해가 서쪽에서 뜰 일이지!

여왕은 자웅동체야! 이게 유일하게 이해할 만한 설명이야!

아하!

이 모든 일에서 가장 몰상식한 인물은 1930년대에
이 주제를 두고 함부로 글을 썼던 미치광이 학자도,
이 이론을 몇십 년 후에 보급한 옹고집 기자도 아닙니다!

가장 몰상식한 인물은 1965년 이 문제에 몰두하여 진짜로 무덤을 여는 데 성공한 늙은 미치광이 무리입니다!

방학 동안 자기 방에 틀어박힌 청소년들이 게임기에 집착하는 것처럼, 이 늙은 미치광이 무리는 크리스티나 여왕의 성기에 집착한 것입니다.

그들에게 소리 지르고 싶군요.

제발 그 지하 봉안당에서 좀 나와!

밖이 얼마나 화창한데!

그러나 이 노망한 무리는 반발합니다.

싫어!

크리스티나 여왕의 '성적 구조'를 확인하려면 유해를 발굴해야 해. 못하게 하면 가만있지 않겠어.

우리가 원하는 것을 얻을 때까지 바닥에 드러누워서 떼쓸 거야!

말이 떨어지기 무섭게 그들은 목표를 달성했습니다. 이 멋진 회고록 『크리스티나 여왕의 무덤 발굴』은 한 장(章)을 할애해서 여왕의 성별에 대해 말합니다. 장의 제목은 다음과 같습니다.

크리스티나 여왕의 '성적 구조'

그런데 일반적으로 400년 된 이 불쌍한 해골로 '성적 구조' (성적 구조라니, 누가 좀 이해할 수 있게 설명해주세요!)를 분석하는 것이 가능하긴 합니까?

당연히 안 됩니다.

우리의 미치광이 늙은이 집단조차 이걸 깨달았고, 연구는 끝이 났습니다.

이 늙은이들은 발굴의 패인을 이렇게 설명합니다.

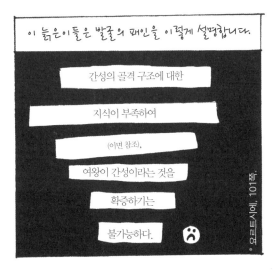

간성의 골격 구조에 대한

지식이 부족하여

(이면 참조),

여왕이 간성이라는 것을

확증하기는

불가능하다.

* 요르트시에, 101쪽.

31

이것참!

이 모든 일에 뭐라고 할 수 있겠습니까?

어쩌면, 여기 증거!

또 어쩌면

아님 말고.

끝

32

뒤집힌 닭벗

소음순 확장술, 강세.

아카데미클리니켄(Akademikliniken) 의원의 성형외과 의사 얀 옘베크(Jan Jembeck)에 따르면, 10년 사이 성기 성형수술이 두 배로 증가했습니다.

환자는 아마도 자기 소음순이 너무 작다고 생각하는 여성일 겁니다.

그 환자는 거의 보이지 않는 자신의 음순을 싫어합니다.

수영장 탈의실 같은 공공장소나 파트너 앞에서 보이는 것을 꺼립니다.

그리고 '개선'을 원합니다.

텔레비전 프로그램 〈성형외과 의사〉의 공동 제작자이기도 한 얀 옘베크는 성기 수술에서 전형적인 환자는 없다고 설명합니다.

"오늘날 우리는 훨씬 공개적으로 이러한 문제를 다루고 있으며, 이제 환자들도 다른 대안을 알고 있어요."

성의학자 말레나 이바르손(Malena Ivarsson)은 요즘 여성들은 자신의 성생활에 매우 관심을 기울인다고 설명합니다.

많은 여성이 자신의 음순이 너무 작다고 생각합니다.

말레나 이바르손에 따르면, 어떤 여성들은 남성들이 성기의 세부 모양에 집착하는 것을 지나치게 중요하게 평가합니다. 이바르손은 수술하기 전에 장단점을 곰곰이 따져보라고 조언합니다.

"대체로 이건 자존감 문제예요. 상담자에게 문의하세요. 왜 당신이 더 큰 음순을 가지고 싶은지를 이해하는 것이 중요하거든요."

천만에요, 물론 이건 다 농담입니다!

당연히 이 기사는 소음순 **'축소'**를 이야기하고 있습니다.

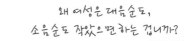

남성은 성형수술을 통해 자신의 성기를 키우고 싶어 하고, 여성은 자신의 성기를 줄이고 싶어 한다는 것을 모두 알고 있습니다.

그렇지만 왜요?

왜 여성은 대음순도, 소음순도 작았으면 하는 겁니까?

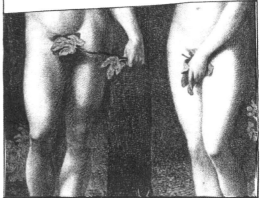

2013년 7월 29일 '당신의 의약품' 의학 포럼에서 발표된 논문에서 인용한 이 여성의 말은 이렇습니다.

"내 소음순에서

벗어날 수 있다니

최고예요!"

우선 뭐가 문제인지 좀 살펴볼까요.

'여성 성기'는 무엇을 뜻할까요?

아니요, 정말 진지하게, 정확하게 무슨 뜻입니까?

우리가 일반적으로 '여성 성기'라고 부르는 것을 살펴보면, 다음과 같은 정의를 찾을 수 있습니다.

1. 외부로 드러나는 부분: 외음부 (보지)

2. 내부에서 외부로 통하는 통로: 질

3. 보이지 않는 내부: 자궁경부, 자궁, 난소들

우리 문화의 이상한 점은 여성의 삶에서 성기가 외부로 드러나는 부분을 언급하거나 표현하는 일이 거의 없다는 것입니다. 우리 사회는 '보지(외음부)'라는 단어를 소리 내어 말하기를 굉장히 스러워하는 것 같습니다.

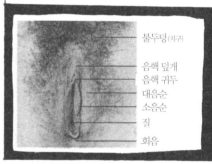

불두덩 (치구)

음핵 덮개
음핵 귀두
대음순
소음순
질
회음

보지

1972년 나사에서 쏘아 올린 우주 탐사선 파이어니어(Pioneer)호가 그 예입니다. 바다에 던진 유리병처럼, 파이어니어호는 지구 밖에 존재할지도 모를 생명체에게 지구 생명체에 대한 정보를 알리고자 우주에 던져졌습니다.

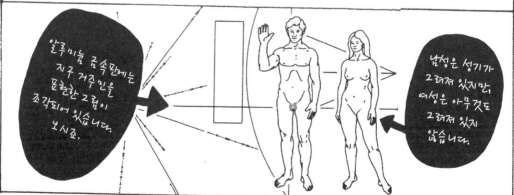

알루미늄 금속판에는 지구 거주민을 표현한 그림이 조각되어 있습니다. 보시죠.

남성은 성기가 그려져 있지만, 여성은 아무것도 그려져 있지 않습니다.

원본에는 정상적으로 여성의 보지가 짧은 선으로 표현되어 있습니다.*

보지가 그려진 그림을 나사 상급자가 승인하지 않을 수도 있다고 생각한 책임자들은 짧은 선을 지웠습니다.

* 마크 울버턴(Mark Wolverton), 『우주의 깊이(The Depths of Space)』, 2004년, 79쪽.

나사는 외계의 지적 생물체도 인간의 보지 그림을 보면 불편해하리라고 생각했겠죠. 이 그림의 작은 선이 미지의 행성에서 아래와 같은 장면을 벌어지게 하리라고 상상했나 봅니다.

문화사학자 미투 잔얄은 여성 성기가 흔히 결핍이나 공백으로서 비어 있는 곳인데, 음경(penis)의 부재로 표현된다고 주장합니다.* 이는 특히 우리가 말하는 방식에서 나타납니다.

* 미투 잔얄, 『버지』, 이미지 없는 성별, 티타니아프레스, 2011년.

잔얄은 사회가 여성 성기를 독립적인 장기로 인정하지 않는다고 설명합니다. 오히려 여성 성기는 '남성 성기'와 대비하여 비어 있는 것, 비존재의 무엇, 남성이 성기를 넣을 수 있는 구멍으로 묘사하거나 표현합니다.*

* 잔얄, 13쪽.

가장 영향력 있는 서양 사상가 중 한 명인 장폴 사르트르도 구멍으로서의 성기 개념을 주장했죠. 사르트르는 자신의 저서 『존재와 무』에서 여성 성기를 다음과 같이 말하고 있습니다.

......무엇보다, 성기는 구멍이다.*

* 장폴 사르트르(Jean Paul Sartre), 『존재와 무』(L'être et le néant), 1943 년. 660쪽.

"...... 여성 성기...... 이것은 다른 모든 구멍처럼 존재의 호소다. 그 자체로 여성은 삽입과 무력화를 통해 자신을 존재의 충만함으로 변화시켜줄 낯선 육체를 호출한다."*

* 사르트르, 660쪽.

정확히 말해서 자신이 "구멍 뚫렸으므로", 여성은 자신의 조건이 호소라고 직감한다.

이것이 아들러 콤플렉스의 진정한 기원이다.*

* 알프레트 아들러(Alfred Adler)의 열등감 콤플렉스 이론

* 사르트르, 660쪽.

여성은 성기가 없고, 여성은 구멍 뚫려 있고, 여성은 자신의 결핍 (생식기 위치에 있는 공백)을 매우고자 남성 성기를 호출해야 하는 고로 여성은 자신을 열등하다고 지각한다.

사르트르에게 강하게 영향을 받은 듯한, 청소년 대상으로 쓴
『사랑책』*의 저자는 성기를 다음과 같이 제시합니다.

남성은 늘어져 있는 고추가 있고,
여성은 수풀이 있습니다.
수풀 안에는 구멍이 있습니다.

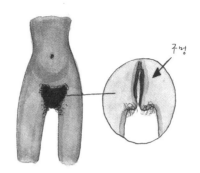

구멍

* 페르닐라 스탈펠트 Pernilla Stalfelt, 『사랑책 Kärleksboken)』,
라벤오크쇠그렌(Rabén & Sjögren), 2011년.

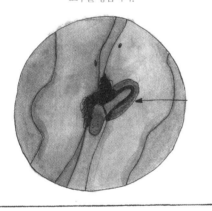

아빠가 엄마의 구멍에
고추를 넣습니다.

우리 문화에서 여성 성기의 외형은 대체로 표현할 때
지워집니다. 완곡어법과 은유법을 사용하여 다양한 방식으로
여성 성기의 외부를 지칭합니다.
더 라틴 킹(The Latin Kings)*의 〈내가 원하는 건 너야〉에 나오는
표현처럼 말입니다.

가고 오고,
가고 오고……

넌 상처가 있고,
난 칼이 있고……

* 스웨덴 힙합 그룹

여성 성기를 다른 은유법으로 이야기할 수도
있지 않을까요? 뒤집힌 닭 벗이라고 못 할 건 뭡니까?
이렇게 라임을 타면 안 될 이유가 있습니까?

난 거대한
로버트가 있고,
넌 뒤집힌 닭
벗이 있고……

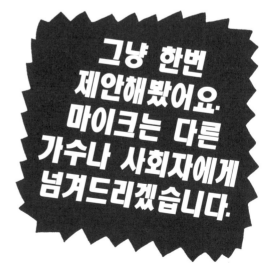

그냥 한번
제안해봤어요.
마이크는 다른
가수나 사회자에게
넘겨드리겠습니다.

앞에서 이야기했듯이, 여성 성기의 외부를 지칭하는 단어, 보지는 일상적인 대화에서 사용하지 않습니다.

보지를 지칭하고 싶을 때도 사람들은 생각 없이 '질'이라는 단어를 사용합니다.

예를 들어, 스웨덴 잡지 《GQ》 2012년 1월 호에 나온 기사의 주제였던 '질 목걸이'는,

"빅토르(Viktor), 질 보석을 만들다."

질 목걸이는 질 나쁜 농담이었지만, 오늘날에는 자랑스러운 제품입니다.

질 목걸이

보지의 모양인데도 '질 목걸이'라고 불렀습니다.

'질 미백 크림'을 판매하는 회사는 여성 성기가 더욱 아리아인(Aryan)*의 색깔에 가까워질 수 있다고 약속합니다.

질 미백 크림

질을 하얗게

5~7일만 사용하면, 당신은 밝고 부드러운 분홍빛 질을 갖게 될 거예요. 장기 사용에 적합합니다.

이 제품은 정확히는 '보지 미백 크림'이라고 불려야 하는데 말입니다.

* 역주: 백인이라고 분류되는 인종.

인터넷 사이트 〈플래시백(Flashback)〉 포럼 사용자 '사기꾼(Humbug)'은 스웨덴 가수 야스미네 카라(Jasmine Kara)에 대해 이렇게 썼습니다.

2013-02-11. 14:48
사기꾼
사이트 관리자

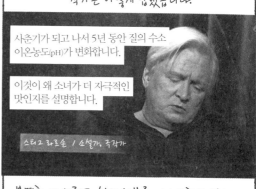

어젯밤 〈나에게 노래를 불러줘〉 프로그램에 야스미네가 입고 나온 바지에서 도끼 자국을 찾으려고 했는데, 용케 잘 감췄더라고요. 질 흔적이 없었어요.

등록 : 2002년 4월
메시지 : 79247개

'사기꾼'은 야스미네 카라에게서 보지 위치의 흔적을 찾을 수 없다고 써야 했습니다.

2012년 11월 18일 〈말로우의 열시 이후〉* 프로그램에 작가 스티그 라르손(Stig Larsson)과 가수 플루라 욘손(Plura Jonsson)이 출연했습니다. 스티그 라르손이 자신의 책에 '어린 소녀의 조개가 더 부드럽다.'라고 쓴 구절에 대해서 진행자가 질문을 던졌습니다.

작가는 이렇게 답했습니다.

사춘기가 되고 나서 5년 동안 질의 수소 이온농도(pH)가 변화합니다.

이것이 왜 소녀가 더 자극적인 맛인지를 설명합니다.

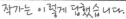

스티그 라르손 / 소설가, 극작가

분명히 이 사람도 성기 외부를 이야기하고 있으며, '보지'라는 단어를 사용해야 했습니다.

* 스웨덴 TV4 채널 프로그램

여성 성기의 각 부분을 지칭하는 용어가 불명확한 것이 왜 중요할까요?

심리학자 해리엇 러너(Harriet Lerner)는 1970년대부터 보지와 질이 혼합된 결과들을 연구했습니다. 러너는 언어가 여성 성기에 외부가 있다는 사실을 감춘다고 주장합니다.*

언어는 여성 성기도 외부가 있다는 사실을 감춘다!

* 잔알, 22쪽.

러너는 그 예시로 1980년대에 인기 있었던 성교육 지침서를 인용합니다.

소녀에게는 두 개의 난소와 자궁, 질이 있다.
이것들이 생식기다.
소년의 성기는 음경과 고환들로 구성된다.

사춘기에 소녀들이 경험하는 첫 번째 변화 중 하나는 질 입구에 털이 나는 것이다.

*잔알(러너 인용), 22쪽.

러너는 계속해서 말합니다.

여성 성기에 대한 이 불완전한 묘사는 혼란을 유발한다. 그리고 거울로 아래를 관찰하면서 위의 지침서를 참고한 모든 소녀가 자신이 기형이라는 결론에 도달할 수밖에 없었다.

* 잔알, 22쪽.

2002년 초부터 출간된, 더욱 평범한 생명·지구 과학 교과서를 한번 봅시다.
여기서도 저자는 여성 성기 외부의 모식도는 보여줄 필요가 없다고 생각하고,
'여성 생식기관'이라는 이름으로 두 가지 도식을 보여주는 데 그칩니다.

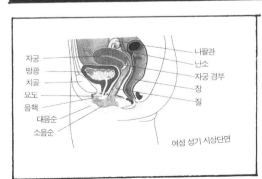

자궁
방광
치골
요도
음핵
대음순
소음순

나팔관
난소
자궁 경부
장
질

여성 성기 시상단면

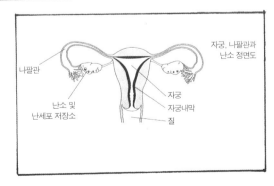

나팔관

난소 및
난세포 저장소

자궁, 나팔관과
난소 정면도

자궁
자궁내막
질

* 『생명·지구 과학 교과서(Manuel de SVT)』, 글레롭스, 2002년, 288쪽.

질의 용도가 사랑의 표현인 이성 간 성교에서
음경으로 채워지는 것이라고 사람들에게 가르치는 일이
대단히 중요한 모양입니다.

질

질은 약 8~10센티미터다.
내벽은 탄력적인 근육으로 구성되어
있는데, 이것은 음경 크기에 알맞다.
내벽의 표면은 매끈하고 습한 점막이다.
성적으로 흥분했을 때, 점막은 미끄러워져
음경 삽입을 용이하게 한다.*

* 『생명 지구 과학 교과서』, 굴라불, 2008년, 152쪽.

우리 사회가 어떻게 돌아가고 있는지 이해하고자
아인슈타인의 뇌를 가질 필요는 없는 것 같군요.
명백하게 보지를 표현하고 지칭하기를 거부하는
우리 문화는 지금 여성 성기의 성형* 유행을 조장하고 있습니다.

* 소음순 축소술

우리 문화는 반드시 1) 두 개의 성별만이 존재하고, 2) 이 두 성별이 근본적으로 구분되며,
3) 성기 삽입을 표현하는 칼과 칼집처럼 해부학적으로 상호 보완적이어야만 한다고 믿는 것 같습니다.
이런 사고방식을 통해서 여성 성기는 온전한 기관이 아닌 좆으로 채워져야 하는 구멍으로 표현됩니다.

← 구멍

이러한 관점에서
현실이 기대에 부응하길
거부할 때, 당연히 실망은
막대합니다!

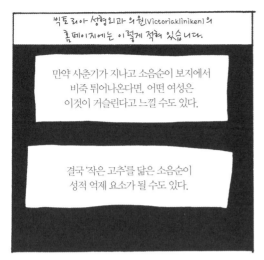

빅토리아 성형외과 의원(Victoriakliniken)의 홈페이지에는 이렇게 적혀 있습니다.

만약 사춘기가 지나고 소음순이 보지에서 비죽 튀어나온다면, 어떤 여성은 이것이 거슬린다고 느낄 수도 있다.

결국 '작은 고추'를 닮은 소음순이 성적 억제 요소가 될 수도 있다.

분명히 이것은 굉장히 충격적일 것입니다!

"작은 고추를 닮은 여성 성기" 라니. 내가 『존재와 무』에서 쓴 건 이런게 아니오.

"작은 고추를 닮은 여성 성기" 라니. 난 〈내가 원하는 건 너야〉에서 그렇게 노래한 적 없어요.

난 이렇게 말한 적 없어요. "난 검이 있고, 넌 작은 고추가 있지."

"작은 고추를 닮은 여성 성기" 라니. 내가 파이어니어호 금속판에서 보고 기대한 건 이게 아니야! 이 여자를 만나려고 은하계를 건넜는데!

나한테 보낸 이미지랑 전혀 다르잖아!

흔히 성별은 문화적 구성물이라고 하지만,

성기 수술에서는

바로 문화가 외과용 메스라는 구체적인 방법으로

생물학적 성별을 만듭니다.

주의! 아기가 간성일때도 동일!

우리 문화는 두 가지 성별만 존재한다고 결정했으므로……

…… 본질을 우리의 생각에 맞추고자 이 아이들을 수술해야만 해요.

그럼요. 우리 문화에서 보지는 그림에서도, 언어에서도 완전히 감춰져 있습니다.

하지만 이와 정반대되는 아주 오래된 고대 전통도 존재합니다.

* 스웨덴의 화가·삽화가·수채화가인 칼 라르손(Carl Larsson, 1853~1919년)의 그림.

다시 말해서, 보지의 공개 전시!

저와 함께
서양 문명의 요람으로
짧은 여행을 떠나실까요? →

『호메로스 찬가』(기원전 7~6세기, 저자 익명) 중
「데메테르에게 바치는 호메로스 찬가」는 데메테르 신화를 전하고 있습니다.

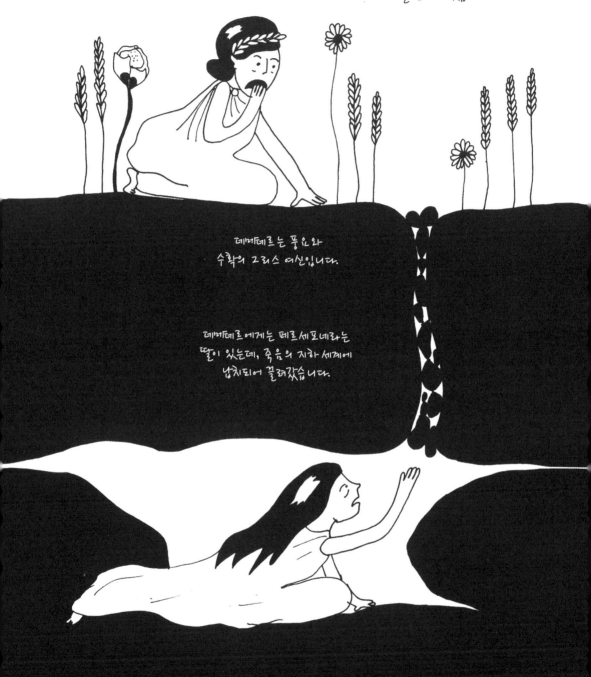

데메테르는 풍요와
수확의 그리스 여신입니다.

데메테르에게는 페르세포네라는
딸이 있는데, 죽음의 지하 세계에
납치되어 끌려갔습니다.

절망에 휩싸인 데메테르가 딸을 찾으러 떠났습니다. 먹지도 마시지도 않은 채로 땅을 떠돌아다녔습니다.

그녀가 쇠약해져 가면서 주변의 곡식들은 죽어갔습니다.
기근이 사람들을 위협하고, 사람들은 신들에게 구원을 호소하며 중재를 애원했습니다.

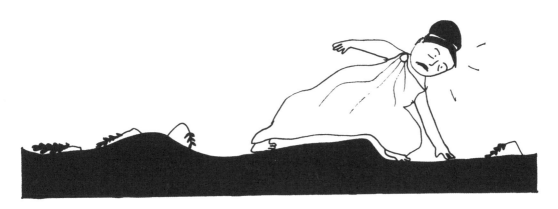

그러나 신들의 중재에도 불구하고,
비탄에 빠진 데메테르는 슬픔에서
헤어 나오지 못했습니다.

그때 매우 흥미로운 인물이 등장합니다. 바로 '이암베(Iambe)' 이지요.

바우보(Baubo)라는 이름으로도 알려진 이암베는 아나톨리아의 여신으로 그리스 신화에 차용되었습니다. 그리스 신화에서 바우보는 나이 든 여성으로 그려집니다. 바우보는 데메테르를 집에 초대하여 상스러운 농담으로 풍요의 여신을 다시 먹고 마시게 하는 데 성공합니다.

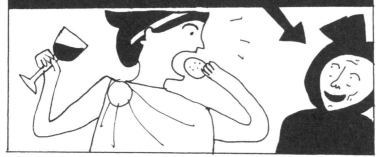

그런데 이 "상스러운 농담"은 무엇이었을까요?

신화에서는 이렇게 말합니다. "이야기한 후에, 바우보는 옷을 걷어 올리고 자신의 부분을 찾아서 여신에게 보여주었습니다."

*토기 조각상, 그리스, 기원전 4세기.

이암베 혹은 바우보는 데메테르가 "부드럽게 웃고 자신을 즐겁게 하도록" 이끌었습니다.

오늘날 이 보지 전시의 상징적 중요성을 이해하기는 어렵습니다. 우리 문화에서는 이러한 행위가 매우 이상해 보입니다.

해학적인 면을 포함하며, 누군가를 쾌활하게 해주기를 목적으로 삼은 것으로 보입니다.

데메테르는 자주 보지를 전시하는 제례를 통해 숭배되었습니다. 이 제례는 신이 주로 여성인 문화에서 찾아볼 수 있습니다.*

* 잔알, 31쪽.

엘레우시스 신화의
제례를 서술한
아리스토파네스
(Aristophanes)에 따르면,
그리스 여성들은
데메테르 신전에
가서 내밀한 부위를
노출했습니다.
그들은 노래하고
보지 형태로
만들어진
꿀·참깨 케이크를
먹었습니다.*

* 잔알, 31쪽.

이집트의 고양이 여신 바스테트(Bastet)를
기리는 축제를 묘사한 부분도 있습니다.
기원전 5세기, 축제에서 여성들은
고음의 소리를 지르며 다른 마을의
주민을 부르고, 춤추는 자신들의
보지를 보여줬습니다.

효효효

하하하

* 잔알, 32쪽.

19세기까지 유럽 우화에서는 악마를
쫓아내고자 자신의 성기를 악마에게
노출하는 여성들이 등장합니다.(잔알, 9쪽.)

장 드 라 퐁텐(Jean de La Fontaine)의 우화를 그린
샤를 아이센(Charles Eisen)의 삽화 동판.

49

중세 시대까지는 성당이나 수도원 혹은 건물 정면이나
도시 관문에 수호자처럼 새겨진 다리 벌린
여성 나체 동상을 발견할 수 있었습니다.*

도사의 문(Porta Tosa), 중세 시대의 밀, 밀라노.

* 잔알, 36쪽.

실라나기그(Sheela na Gig)라고 불리는 이 조각은
아일랜드나 영국에서 주로 발견됩니다.
켈트 문화의 유산과 연관이 있습니다.*

실라나기그, 라하라(Rahara), 아일랜드, 중세 시대.

* 바바라 프라이타크(Barbara Freitag), 『실라나기그의 수수께끼 풀기(Sheela-na-gigs unraveling an enigma)』, 루틀리지(Routledge), 2004년.

다른 나라에서도 실라나기그를 찾을 수 있습니다.
아래는 프랑스 푸아티에에서 발견된
14세기 실라나기그입니다.

왜 실라나기그가 이렇게 자신을 노출하고 있는지
그리고 실라나기그라는 이름의 의미가 무엇인지는 모릅니다.
실라나기그는 사람들의 손길 덕에 반질반질해졌습니다.
실라나기그를 만지면 복이 온다는 말이 있었던 듯해요.
(아니면 그냥 만지고 싶었는지도 모르죠!)

성마리아와세인트데이빗교회(Church of St. Mary and St. David)의 조각상, 킬펙(Kilpeck), 영국, 12세기.

실라나기그의 존재에 대한 가설 중 하나에 따르면, 실라나기그는 아일랜드 켈트신화의 인물인 모리안(혹은 모리간, Morrian or Morrigan)을 상징합니다. 모리안은 전쟁의 신으로 까마귀로 변신할 수 있는 신입니다. 모리안 신화에 따르면 "위엄 있는 거대한 이 여성은 소음순이 매우 길어 무릎까지 내려온다." 라고 합니다.*

불행하게도, 모리안은 판타지에서 인기 있는 인물이 되어, 지금은 이렇게 재현되고 있습니다.

사실 모리안은 이 그림에 더 가깝지만 말이에요.

* 패트릭 포드(Patrick K. Ford), 「켈트족의 여성: 다른 성(Celtic Women: The Opposing Sex)」, 『비아토르(Viator)』 19호, 1988년, 417쪽.

자신의 보지를 드러낸 여성 조각상은 세계 어디에서도 찾아볼 수 있습니다. 미크로네시아*의 '딜루카이(Dilukais)' 는 나무 조각상으로, 다리를 벌리고 양손은 넓적다리에 올려둔 채 거대한 삼각형의 보지를 보여주고 있습니다. 이 조각상들은 나쁜 기운을 쫓고자 건물 현관 위에 걸려 있었습니다.

기독교 선교사들이 딜루카이를 반가워했을 리는 없었죠. 선교사들은 이 조각상이 풍기가 문란한 여성에 대한 처벌이라고 생각했어요.

캐롤라인제도 의 조각상; 팔라우, 19세기 말~ 20세기 초.

* 역주: 미크로네시아는 오세아니아의 태평양 서북부에 있는 섬나라이다.

다른 예로, 인도에 널리 퍼져 있는 요니(Yoni, 음문) 문화가 있습니다. 요니는 섬세한 힘을 향한 성스러운 길이자 우주의 신비로 향하는 문을 여는 길로써 숭배되었습니다.

(잘룬, 82쪽)

요니 조각, 바가르데(Rhegarct), 인도, 12세기.

조각은 자신의 요니를 숭배할 수 있도록 누워서 다리를 벌리고 있고, 숭배자들이 그 아래로 지나가게 되어 있는 인상이 있습니다.*

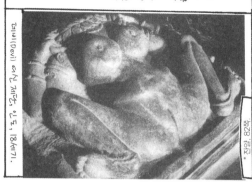

데비(Devi) 여신 재단, 인도, 18세기.

* 잘룬, 82쪽

우리 문화에서 보지의 전시는 오래전 역사로 거슬러 올라갑니다.
옛날에 만들어진 조각과 그림 들은 보지의 재현으로 가득 차 있습니다.

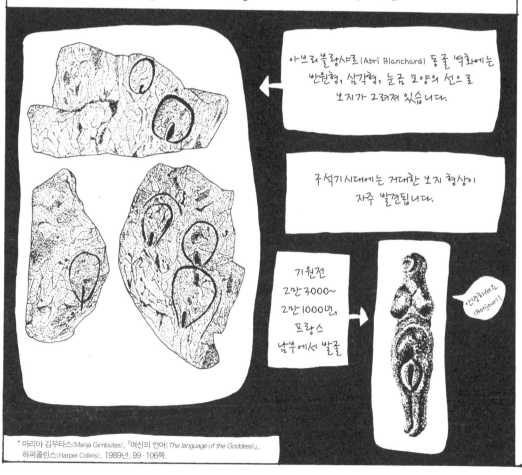

아브리 블랑샤르(Abri Blanchard) 동굴 벽화에는 반원형, 삼각형, 눈금 모양의 선으로 보지가 그려져 있습니다.

구석기 시대에는 거대한 보지 형상이 자주 발견됩니다.

기원전 2만 3000~ 2만 1000년, 프랑스 남부에서 발굴

안녕하세요 (Bonjour)!

* 마리야 김부타스(Marija Gimbutas), 『여신의 언어(The language of the Goddess)』, 하퍼콜린스(Harper Collins), 1989년, 99-106쪽.

이 조각은 기원전 6300~6200년경 그리스에서 왔어요.

안녕하세요 (Καλημέρα)!

* 김부타스, 106쪽.

이 조각은 몰타의 신석기 시대 신전 하자르 임(Hagar Qim)에서 발견됐어요. 기원전 4000년경에 만들어졌군요.

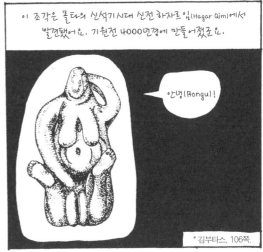

안녕(Bongu)!

* 김부타스, 106쪽.

매머드의 뼈로 만들어진 이 작은 조각은 알려진 조각상 중에 가장 오래되었습니다. 3만 5000년 전에 만들어졌습니다.

이 조각상도 거대한 보지를 갖고 있군요.

독일의 홀레펠스(Hohle Fels)라는 동굴에서 이 상이 발견되었을 때, 《네이처》지는 "21세기 규범의 시각에서 봤을 때, 이 조각상은 포르노그래피의 한계에 가깝다."라고 평가했습니다.
(《슈피겔(Der Spiegel)》*, 2009년 4월 14일 자)

안녕(Guten Tag)!

* 역주: 독일의 대표적인 주간지.

이 조각의 여성은 한 손은 배에 올려놓고, 다른 한 손으로는 뿔을 들고 있습니다. 뿔에 새겨진 열세 개의 선은 음력으로 1년의 개월 수 그리고 생리 횟수와 일치합니다.
(기원전 2만 5000~2만년)

이 조각상들을 "비너스"라고 명명하면서 사랑의 여신과 연관시키는 고고학자들도 있습니다.
(이들의 편집증은 참 지겹지긋하군요.)

그중 어떤 남자는 이 조각을 "로셀(Laussel)의 비너스"라고 명명하고, 또 한 번 사랑과 성에 연관 지었습니다.

그렇지만 많은 면에서 보지는 이것보다 더 큰 의미가 있었다는 것을 알 수 있어요.

비슷한 유형으로 보지를 나타내는 같은 종류의 작은 조각들은 서유럽 곳곳의 무덤에서 찾을 수 있습니다. 이 조각은 불가리아에서 나왔습니다. 몰대비아에 있는 9~10세 정도 나이의 소녀들 무덤에서도 비슷한 인형들이 나왔습니다. (기원전 5000~3000년)

안녕하세요 (Здравей)!

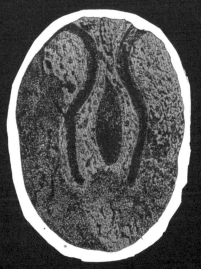

대략 기원전 6000년에 만들어진 덩굴 모양의 돌 조각 한 구석에 보지가 조각되어 있습니다. 이 조각은 구 유고슬라비아의 돌 제단에서 발견되었습니다.
(김부타스, 101쪽)

왜 구석기인들이 이런 방식으로
보지를 조각했는지 이해하기는 매우 어렵습니다.
아무도 모를 거예요!

여러 이론이 존재하는데, 일단 두 가지만 소개할게요.

1. 이 시기에 보지는 신성하고, 정신적이고,
존재적인 것의 일부였습니다.
(이 작은 조각들은 무덤이나 신전에서 발견되었습니다.) 어쨌든 훗날
보지가 갖게 될 위치와는 전혀 다른 것이었죠.

2. 이 시대에는 훗날에 있을
보지에 대한 공포가 없었습니다.

그러므로 구석기인들에게
외계에 사람을 그린 그림을 보낼 기회가
있었더라면 절대 이렇게 그리지 않았겠죠.

이렇게 생긴 그림을 보냈을걸요.

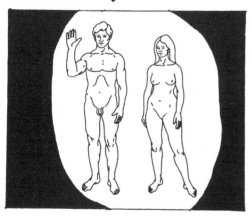

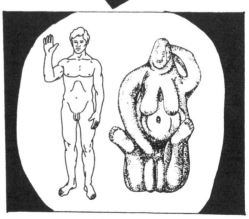

이번 장은 여기서 끝!

그 사이, 우주에서는……

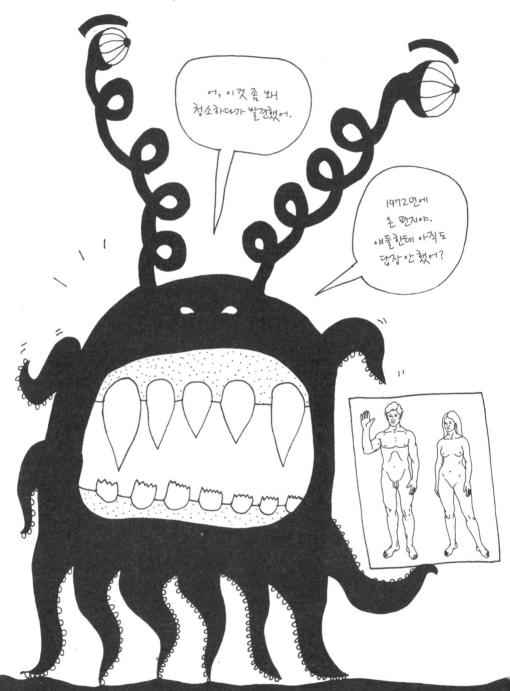

재: 이번 장의 주제는
'오르가슴'입니다.

하

여러분, 성교에 대한 수많은 정보가 기관, 단체, 신문·잡지에서 그리고 의학 전문가와 사회 유명 인사로부터 제공되고 있는 것을 잘 아시죠?

그렇다면 이 정보들 속에서 오르가슴은 어떻게 다뤄지고 있을까요? 우리가 항상 접하는 몇 가지를 살펴보겠습니다.

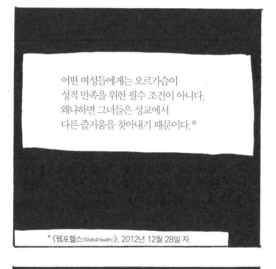

어떤 여성들에게는 오르가슴이
성적 만족을 위한 필수 조건이 아니다.
왜냐하면 그녀들은 성교에서
다른 즐거움을 찾아내기 때문이다.*

* 《웹포헬스(Web4Health)》, 2012년 12월 28일 자.

어떤 수단으로도 오르가슴에 도달할 수 없는
조건을 타고난 여자들이 있다.

어떤 뛰어난 남자도 침대에서
완전히 자신을 내려놓지 않는 여자에게는
오르가슴을 선사할 수 없다.*

* 아이폼(iFORM), 「오르가슴의 비밀」.

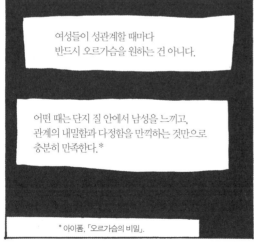

여성들이 성관계할 때마다
반드시 오르가슴을 원하는 건 아니다.

어떤 때는 단지 질 안에서 남성을 느끼고,
관계의 내밀함과 다정함을 만끽하는 것만으로
충분히 만족한다.*

* 아이폼, 「오르가슴의 비밀」.

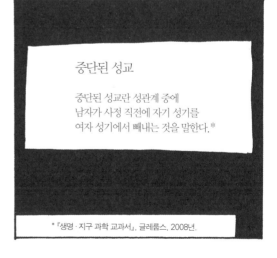

중단된 성교

중단된 성교란 성관계 중에
남자가 사정 직전에 자기 성기를
여자 성기에서 빼내는 것을 말한다.*

* 『생명·지구 과학 교과서』, 글레롭스, 2008년.

만약 우리가 위의 인용문에서 남성과 여성을 바꿔본다면,
우리 사회가 얼마나 성별에 따라 오르가슴을
다르게 이야기하고 있는지 알 수 있을 겁니다. 한번 보시죠.

어떤 남성들에게는 오르가슴이
성적 만족을 위한 필수 조건이 아니다.
왜냐하면 그들은 성교에서
다른 즐거움을 찾아내기 때문이다.

어떤 수단으로도 오르가슴에 도달할 수 없는
조건을 타고난 남성들이 있다.

어떤 뛰어난 여성도 침대에서
완전히 자신을 내려놓지 않는 남성에게는
오르가슴을 선사할 수 없다.

남성들이 성관계할 때마다
반드시 오르가슴을 원하는 건 아니다.

어떤 때는 단지 음경을 감싸는 여성을 느끼고,
관계의 내밀함과 다정함을 만끽하는 것만으로
충분히 만족한다.

중단된 성교

중단된 성교란 여성이 오르가슴을 느끼기 전에
남성이 성관계를 중단하는 것을 말한다.

도대체 왜!

**왜 사회는 여성과 남성의 오르가슴을 이토록 극단적으로 다르게 말하는 걸까요?
왜 여성의 오르가슴은 복잡하고 다다르기 어려우며, 여성의 만족을 위한
필수 조건은 아니라고 하는 걸까요?**

**반면 남성의 오르가슴은 (너무) 쉽게 이를 수 있고,
만족의 필수 조건이며, '성교'의 핵심이라고 하는 걸까요?**

역사학자 토마스 라커는 그의 책 『만들어진 성』에서,
계몽주의** 이전에는 여성과 남성의 오르가슴을 다르게 보지 않았다고 썼습니다.

그런데 오르가슴이 임신의 전제 조건이라고 믿었다고 합니다!

* 토마스 라커(Thomas Laqueur), 『만들어진 성(Making Sex)』, 갈리마르 (Gallimard), 1992년. (한국어 판은 『섹스의 역사』(황금가지, 2000년)로 출간되었습니다.)
** 역주: 프랑스어로 뤼미에르(Lumières)는 빛을 뜻한다. 계몽주의 이성의 지성인이 이성과 지성의 힘으로 여성들을 강하게 비판했다. 최적 진보를 이루고자 했던 사상, 전통적인 사상, 종교, 미신에 반대했다.

정말로 당시 조산사 지침서나 여러 텍스트에
여성이 오르가슴에 이르는 방법이
쓰여 있습니다.*

아이를 낳고 싶다고?

비밀을 알려주지.
1) 금연 2) 브리 치즈** 금지 3) 음핵 자극

** 역주: 브리(brie)는 프랑스 일드프랑스(Île-de-France) 지방에서 유래한, 껍질에 흰 곰팡이가 핀 부드럽고 크림처럼 부드러운 치즈다.
* 라커, 21쪽.

17세기 프랑스 의사 니콜라 버넷(Nicolas Venette)은
이렇게 썼어요. "오르가슴이 없다면,
여성은 남편에게 성욕을 느끼지 않는다.
성관계에 어떤 만족감도 없을 것이며,
임신도 할 수 없다."

오 이런, 내가 당신 임신시킬 거 아니오?

걱정 붙들어 매세요. 진짜 별로였으니까.

* 라커, 29쪽.

그리고 임신 확률을 높이려면 아내와 남편이 동시에
오르가슴을 느끼는 것이 중요하다고 생각했습니다.
그래서 지침서는 여성이 너무 흥분하거나
남성보다 빨리 오르가슴에 도달하지 않도록 조언했어요.

그만 흥분하시오!
딴생각을 해보라고!
인도에 가 있는 네덜란드
배를 떠올려 보든가!

아, 아, 아!

소용없어요!

미안해요ㅗㅗ!

* 라커, 100쪽.

막 결혼한 오스트리아의 젊은 공주
마리 테레즈(Marie Thérèse)는 주치의에게
조언을 얻고자 편지를 보냈습니다.

어떻게 임신할 수 있을까요?

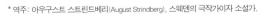

명언은 이러했습니다.

CETERUM CENSEO VULVAM SANCTI-SSIMAE MAJES-TATIS ANTE COITUM ESSE TILLI-AN-DUM.

해석해볼까요?
"성교 전에 왕이 마마의 외음부를 살살 만지면서 쾌감을 주는 것이 효과적입니다." *

도대체 왜 이 명문을 대리석에 새겨서 기념비로 크게 세우지 않았는지 이해할 수 없군요.

찰칵

언제 와요! 외음부 기념비 아래에서 벌써 20분이나 기다리고 있다구!

멍멍

얘들아, 우리 외음부 기념비를 봤으니까 이제 스트린드베리* 무덤으로 가자.

"왔노라, 보았노라, 이겼노라!" 같은 별 볼 일 없는 말도 명언으로 새겨진 마당에 말이에요.

다음 쪽을 보실까요 →

흠!

---

* 역주: 아우구스트 스트린드베리(August Strindberg), 스웨덴의 극작가이자 소설가.

그런데 계몽주의 말기부터 의학계는 임신의 필수 조건이 여성의 오르가슴이라는 생각을 버렸어요.

새로운 이론이 나왔소!

임신 때문에 여성들에게 오르가슴을 줄 필요가 없다네!

의학책을 모두 다시 써야 할 것이오!

과학의 진보 때문에 이런 변화가 일어난 것이 아닙니다.

당시 임신 지침서는 여성에게 임신을 원한다면 생리가 끝난 후 약 2주 뒤에 성관계를 가지라고 조언하고 있어요.

(지금 우리가 아는 배란기와 같은 개념이에요.)

임신 가능한 기간이 언제라고요?

그건…… 배란기이오!

배란이 뭔데요?

예…… 그건…… 빵이나 마찬가지요.

어쨌든 그건 중요하지 않소! 임신에 오르가슴이 필요하지 않다는 것만 아시오!

19세기에 생식생물학은 더는 존재하지 않았거든요.

왜 여성의 오르가슴과 임신의 연관성을 부정하기 시작했는지 이해하려면 당시 문화적 변화의 배경을 알아야 합니다. 남성과 여성의 몸을 어떻게 해석했는지 말입니다.

계몽주의 이전까지 수천 년 동안은 남녀의 몸은 서로 비슷하다고 생각해 왔습니다. 성기도 예외가 아니었어요. 차이점이라고는 단지 각 기관의 방향이 다르다는 것뿐이었어요.

질은 안쪽으로 돌아간 음경, 음순은 음경의 포피*, 자궁은 음낭, 난소는 고환에 해당했죠.

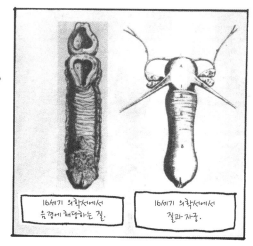

16세기 의학서에서 음경에 해당하는 질.

16세기 의학서에서 질과 자궁.

* 역주: 귀두를 덮고 있는 피부와 점막.

고대의 가장 유명한 의사였던
갈레노스(Galenos, 129~216년)는 여성의 성기를
두더지의 눈에 비교했어요. 그는 이렇게 확신했습니다.

두더지의 눈은 다른 동물들의
눈과 다를 바 없어.
단 한 가지, 앞을 보지 못한다는
차이점이 있지.

그런데도 여전히
눈을 간직하고 있어.
불완전한 상태로
말이야.*

이와 똑같은 현상이
여성 생식기에도
일어났다고 보면 돼.

질은 태어나지 않은
음경이야.

자궁은 성장을
멈춘 음낭이지.*

* 라커, 69쪽

그러니까 여성 성기는 남성 성기의 불완전하고,
진화가 덜 된 버전임을 암시하고 있습니다.

어쨌든 그 밑바탕은
여성과 남성의
몸이 거의
비슷하다는 것이죠.*

* 라커, 36쪽

몸 속을 유동하는 피, 지방, 젖, 정자는 그 종류가
성별에 따라 서로 다르지만,
같은 기관에서 생산되는 다양한 결과물이라고
여겼어요.*

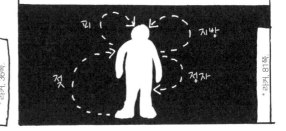

* 라커, 81쪽

여성은 남성보다 몸이 "차가우므로"
월경을 한다고 했죠. 몸에 열이 너무 많은 남성도
피가 과할 때는 코피나 치질을 통해
피를 배출한다고 했고요.*

* 라커, 84쪽

아리스토텔레스는 지방이 "피에서
만들어졌다."라고 했습니다. 그리고 뚱뚱한 남녀가
정자와 월경혈을 마른 사람보다 적게 생산하는데,
이는 정자와 월경혈이 지방으로 고착되기 때문이라고
했죠. 또 아리스토텔레스는 이렇게 썼어요.

사춘기 이후에
몸 속에서 젖을 생산하는
남성들도 있다.

그리고 그들에게 젖을
짜내게 하면 젖은
더 많이 분비된다.*

65

아리스토텔레스는 여성의 성기를 다음과 같이 묘사했습니다.

여성은 어떤 관을 가지고 있는데, 그것은 남성의 생식기와 유사해. 몸 안에 있다는 점이 다를 뿐이야.

그 관의 입구는 소변이 나오는 곳 위에 있어.*

에?

* 라커, 78쪽.

이쯤 되면 우린 어떤 결론을 내릴 수 있을까요? (그런데 아리스토텔레스는 침대에서 너무너무 형편없었을 것 같지 않나요?) 당시의 일반적인 믿음에 의하면,

생물학적으로

생식기는 남성 성기 한 가지만 존재하며, 여성 성기는 "남성 성기와 같은 종류지만 열등하다."라는 것입니다.

* 역주: 성과 관련된 성적 욕망, 성적 행위뿐만 아니라 태도, 사고, 기호나 제도, 이데올로기 등을 포함한다.

생식기뿐만 아니라 섹슈얼리티*조차 한 종류만 있다고 보았습니다. 남성과 여성의 섹슈얼리티에 구분을 두지 않았어요.

이러한 관점 때문에 오르가슴의 특징 또한 모든 성에 똑같이 적용된 채, 그 실제는 깊은 곳에 묻혔습니다.

1559년, 이탈리아의 해부학자 레알도 콜롬보(Realdo Colombo)는 새로운 기관을 발견했다고 알렸어요. 바로 음핵이었습니다. 콜롬보의 발견은 학계에 격렬한 논쟁을 불러일으켰어요. 그리고 어떤 동료들은 음핵이 이미 알려졌다고 주장했어요.

내가 음핵을 발견했어!

아냐, 내가 처음으로 그걸 봤어!

바보들! 이미 11세기부터 그걸 모르는 사람이 없었다고!

그리고 여자들

저기...... 우리는 세 살 때부터 알았거든. 너희들이 신경을 안 써서 그렇지!

레알도 콜롬보

가브리엘 팔로페 (Gabriel Fallope), 콜롬보의 동료

카스파르 바르톨린 (Caspar Bartholin), 덴마크의 해부학자

당시 음핵을 어떻게 묘사했는지를 보면 여전히, 몸과 섹슈얼리티를 통합적으로 다루었음을 알 수 있어요.

단 하나의 생식기, 단 하나의 몸이 있고, 모든 것은 서로 유사합니다.

그리고 남성의 몸이 모든 것의 원형이죠.

그리하여 음핵은 '여성의 음경'이라고 알려졌습니다.

17세기 영국의 여성 작가 제인 샤프(Jane Sharp)는 자신의 책 『산파를 위한 지침서』에서 이렇게 썼습니다.

음핵은 여성의 음경입니다.

음핵은 솟았다가 다시 가라앉는데 이는 음경이 그렇게 하는 것과 같습니다. 음핵을 통해서 여성은 성적 흥분을 느끼고 성교에서 만족을 얻을 수 있습니다.*

*라커, 132쪽.

1612년 의사 자코 뒤발(Jacques Duval)은 이렇게 썼습니다.

프랑스어로 음핵은 "여자의 거시기" 혹은 "남자들을 비웃는 그것"이라고 한다.

그리고 자신의 방탕함을 인정한 여자들은 그것을 "위대한 쾌락"이라고 부른다.*

*라커, 272쪽.

레알도 콜롬보는 음핵을 이렇게 묘사했어요.

음경으로 그것(음핵)을 강하게 문지르거나, 새끼손가락으로 만지면……

……정액이 바람보다 빨리 분출하는데 이것은 쾌락 때문이다.

이것은 스스로 제어할 수 없다.

*라커, 133쪽.

또한 17세기 프랑스의 산부인과 의사 프랑수아 모리소(François Mauriceau)는 이렇게 썼습니다.

자연의 창조자는 쾌락의 중심을 음핵에 놓았다. 음경의 귀두처럼 말이다.

가장 섬세한 감각이 그곳에 자리 잡았으며, 여자에게 기쁨의 근거지다.

그리고 이렇게 결론 내렸어요.

음핵은 정확하게 음경과 똑같이 기능한다.

*라커, 389~390쪽.

따라서 생식기와 섹슈얼리티에 대한 논의는 언제나 '유사성'에 깊이 뿌리내리고 있었습니다.

그런데 18세기 말에 와서 인간의 성을 바라보는 관점이 바뀌었습니다.

완전히요!

19세기 초에 갑자기 수많은 글이 어떤 한 관점에 대해 같은 의견을 보였습니다. 그것은 남성과 여성의 '차이'였습니다.

당시 사람들은 남성과 여성 사이의 생물학적 차이점을 '강박증'처럼 발전시켰어요.

자크 루이 모로는 자신의 책 『성 박물학』에서 이렇게 썼습니다.

남녀는 단순히 다른 정도가 아니라 우리가 느낄 수 있는 모든 면에서 몸과 영혼, 즉 신체적인 면과 정신적인 면이 다르다.

의사나 박물학자에게 남성과 여성의 관계는 대립과 대조다.*

*자크 루이 모로(Jacques-Louis Moreau), 『성 박물학(Histoire naturelle de la femme)』, 파리, 1803년. 리커, 32쪽에서 인용.

1847년, 정신 장애에 관한 연구에서 의사 장루이 브라셰는 이렇게 밝혔습니다.

여성의 몸은 모든 부분에서 하나같이 차이를 보여준다. 그것들은 모두 여성성을 보여준다.

이마, 코, 눈, 입, 귀, 턱, 볼.

만약 우리의 시선을 몸의 내부로 돌린다면, 메스의 도움을 받아서 기관, 세포조직, 근육질을 발견할 수 있을 것이고, 그것들 역시 차이점을 여실히 드러낼 것이다.*

*장 루이 브라셰(Jean-Louis Brachet), 『히스테리 치료(Traité de l'hystérie)』, 파리 · 리옹, 1987년. 리커, 33쪽에서 인용.

그리하여 위계 대신에,

여성은 남성의 열등한 버전이다!

이제 사람들은 둘의 차이점을 밝히는 데 혈안이 되었어요.

여성과 남성은 완전히 대립하는 유형에 속하지요. 서로 다르며, 상호 보완적입니다!

지금까지 현재 우리 문화에서 남녀의 차이점(그 구분 방식이 모호하긴 하지만요.)을 강조하고 있는 것은 이 시대의 유물이라고 할 수 있습니다.

평등

스웨덴의 민주 시민은 남성과 여성 간의 차이점 대부분은 선천적인 것이며, 육안으로 확인할 수 없는 부분까지 확장되어 있다고 생각한다.

또한 남성과 여성의 특성은, 여러 가지를 고려했을 때, 상호보완적이라고 생각한다.

이것은 완전히 우리가 선택한 예시입니다

68

그런데 왜 하필 이러한 관점이 18세기 말에 등장한 걸까요?

왜냐하면 당시 사회는 전반적으로 급격한 변화를 겪고 있었기 때문입니다. 예를 들어 종교의 권위는 점차 낮아져서 그 자리를 과학에 넘겨주었습니다. 따라서 예전엔 이렇게 간단히 말하면 됐었는데,

당신은 권리가 없소. 왜냐하면 신이 그것을 원치 않기 때문이오!

시대가 바뀌면서 과학적인 근거를 내세워야만 했어요.

당신은 권리가 없소. 왜냐하면 당신은 자궁이 있기 때문이오!

따라서 당신은 우리 남자와는 다르오!

'피바다' 장을 참고해주세요.

생식기와 섹슈얼리티는 남녀의 차이점을 부각하기에 매우 이상적인 도구였죠.

이때부터 여성의 섹슈얼리티는 마치 존재조차 하지 않는 것처럼 미약한 것으로, 반면에 남성의 섹슈얼리티는 아주 강해서 의지로 조절하기 힘든 것으로 인식했죠.

그래서 여성의 섹슈얼리티는 감정적인 내면이 그 중심이며, 반대로 남성의 섹슈얼리티는 감정에 얽매이지 않는다고 본 것입니다.

여자는 진정한 관계를 원한답니다.
(성관계 말고요.)

남자는 성관계를 원해요. (진정한 관계 말고요.)

19세기가 서명함!

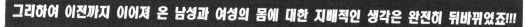

그리하여 이전까지 이어져 온 남성과 여성의 몸에 대한 지배적인 생각은 완전히 뒤바뀌었죠!!!

계몽주의 전에는, 예를 들어 고대에는 여성을 관능적이고, 리비도를 상징하며, 육체적 충동에 쉽게 사로잡힌다고 봤습니다. 반면에 남성은 자신을 억제할 수 있으며, 고양된 우정과 지성적인 관계를 유지할 수 있다고 생각했습니다.

여자에게는 본능이 중요했어요.

오, 디오니소스!

오! 본능적인 기쁨!

오! 올리브유에 흠뻑 젖은 가슴을 애무하기!

남자에게는 이성이 중요했고요.

오! 철학적인 논쟁!

오! 영혼의 합일!

오! 동료들과 6각시(六脚詩, Hexameter) 짓기!

고대 그리스인이 서명함!

전통적으로 청교도에서는, 모든 여자를 이브의 계승자로 보았으므로 여자는 비도덕적이고 스스로 제어할 줄 모른다고 생각했어요. 그래서 '이브의 딸들'은 쉽게 욕망과 쾌락에 사로잡힌다고요.

여자는 위험한 유혹자요!

이브가 바로 그 증거지!

16세기의 마녀사냥 지침서는 이렇게 경고하고 있지요.

여자의 성욕에는 한계가 없다. *

낸시 콧(Nancy Cott), 「무정욕: 빅토리아 시대의 성적 이데올로기의 해석, 1790~1850(Passionlessness: An Interpretation of Victorian Sexual Ideology, 1790~1850)」, 「사인(Signs)」 4권 2호, 시카고대학교 출판부(Chicago University Press), 220쪽.

하지만 계몽주의가 등장하자 완전히 다른 생각이 지배하게 되었습니다. 남성과 비교해서 여성의 성욕은 미약하며, 아예 없을 수도 있다는 생각이요.

그리하여 여성의 오르가슴을 어떻게 바라보느냐의 문제가 아니라, 이제는 아예 그것이 존재하느냐를 의심하기 시작했어요.

오르가슴이 뭐에요?

그것은…… 물과 같은 것이오.

하지만!

새로운 이론에 따르면, 오르가슴은 존재하지 않소!

19세기에는 여성에게 섹슈얼리티가 존재하지 않는다는 골이 넘쳐났습니다. 의사 윌리엄 액턴(William Acton)은 이렇게 썼습니다.

대부분 여자는 성욕 때문에 동요하지 않는다. *

*리커, 217쪽

의사 아담 라치보르스키(Adam Raciborski)는 이렇게 썼고요.

여성의 4분의 3이 남편과의 성관계 때문에 고통에 시달린다. *

*리커, 217쪽

이 주제에 대한 전문가라는 독일인 오토 아들러(Otto Adler)는 이렇게 주장했지요.

약 40퍼센트의 여성이 성감마비로 괴로워한다.

*리커, 217쪽

골상학(19세기에 성행했던 유사 과학이에요.)에서 밀고 있었던 주장은 다음과 같습니다.

여성의 유별나게 긴 목은 색정이 약하고 성욕이 부재함을 증명하고 있소. *

*리커, 194쪽

정신병 전문의 리하르트 폰 크라프트 에빙(Richard von Kraft-Ebing)은 1886년에 발간한 「성적 정신병질(Psychopathia Sexualis)」에서 이렇게 썼습니다.

나무랄 데 없는 교육을 받은 여성은 육체적으로 그리고 정신적으로

성적 욕구가 매우 희미하다.

또 이렇게 썼죠.

이것은 아주 긍정적이다! 그렇지 않으면 '결혼'이라든지 '가정의 삶'은 그 의미를 잃을 것이다. *

* 캐서린 블랙리지(Catherine Blackledge), 「브이 이야기(the Story of V)」, 262쪽. (한국어 판은 "V 이야기」(눈과마음, 2001년)로 발간되었습니다.)

71

당시 성욕의 부재는 그저 단순히 여성을 남성과 구분하는 하나의 표시가 되었습니다.

여성의 무성성에 대한 주장이 널리 퍼질 수 있었던 것은 여러 가지 이유가 그 뒤에 있었기 때문입니다. 여성에게는 그것이 그때까지 기독교에서 믿고 있던 음흉하고 성적으로 해로운 존재라는 인상에서 벗어날 수 있는 기회였죠. 그리하여 수많은 여성이 성욕이 부재한 새로운 여성상의 탄생을 반가워했습니다.

우리는 짐승같이 욕망에 휘둘리는 존재가 아니다!

그 반대라고! 우리는 성욕이 없어!

성욕이 부재한 여성성의 새로운 발견은 여성에게 일종의 권위 같은 것을 가져다주었습니다. 이때부터 사람들은 여자가 남자보다 더 도덕적이라고 생각했죠. 여성주의 활동가이자 사회학자인 애나 휠러(Anna Wheeler, 1780~1848)는 이렇게 썼습니다.

여성은 남성보다 정신적 수준이 높으므로 법률을 제정하기에 더 알맞다.

*『넬슨 굿』, 228쪽.

자유주의 페미니스트 메리 울스턴크래프트(Mary Wollstonecraft, 1759~1797)는 첫 번째 페미니즘 책 『여권 옹호(A Vindication of the Rights of Women)』(1792년)를 쓴 저자입니다. 울스턴크래프트는 이렇게 썼습니다.

남자가 여자보다 성욕의 영향을 더 많이 받는다!

기숙사에서 여자아이들이 배울 수도 있는 불결하고 외설적인 습관을 경계해야 한다!*

→ 당시 자위를 가리키는 말로.

*『러커』, 232쪽.

하지만 부분적으로 상승한 것처럼 보인 여성의 사회적 권위는 그 값을 톡톡히 치러야 했습니다. 여성의 섹슈얼리티를 완전히 제거해야 했던 것입니다.

그런데 말이죠, 19세기에 왜 여성의 섹슈얼리티를 제거한 걸까요?

그것은 당시에 문화적으로 성을 어떻게 생각했는지에 답이 있습니다.

앞에서 등장했던 의사 오토 아들러를 기억하시죠? 아들러는 이렇게 말했습니다.

약 40퍼센트의 여성이 성감마비로 괴로워한다!

그런데 말입니다. 우리는 오토 씨의 철저한 연구에서 아주 흥미로운 것을 발견할 수 있었습니다!

그것은 우리의 오토 씨가 '성감마비' 집단 안에 자위로 오르가슴에 도달하는 여자들도 포함했다는 점입니다!

아야야야야앙!

흠. 진단 결과, 성감 마비.

심지어 우리의 훌륭한 의사님은 직접 자신의 손을 이용해 환자에게 오르가슴을 느끼게 했답니다!

흠! 진단 결과, 불감증.

아야야아아아아

따라서 '성감마비'란

남자와의 성관계에서 질 오르가슴에 도달하지 못할 때를 말하는 것이었습니다.

자위 혹은 음핵 자극을

통한 오르가슴은 오르가슴으로 보지 않았습니다.

이것과 똑같은 생각을 했던 프로이트(Sigmund Freud)는 몇 년 뒤에 그 유명한, 질 오르가슴과 음핵 오르가슴을 대립 관계에 놓은 연구를 발표했습니다.

1905년, 마침내 프로이트는 근거도 없는 완전히 프리스타일의 새로운 이론을 발표했습니다. 그것은 성숙하지 않은 어린 소녀가 음핵을 자극하여 오르가슴을 느끼고, 성숙한 여자는 질을 통해 오르가슴을 느낀다는 것이었습니다.

음핵 오르가슴은 성숙하지 않은 어린 소녀를 위한 것이오!

성숙한 성인 여성은 질 오르가슴을 느끼지!

프로이트는 오토 아들러와 의견이 같았습니다. 남자와 성관계 도중 질 삽입으로 오르가슴에 다다르지 않는 여성을 불감증으로 간주했거든요. 프로이트의 설명을 보실까요.

어떤 여자가 성관계에서 오르가슴을 느끼지 못하고,

(여기서 전제는 그녀의 남편이 성적으로 아무 문제가 없다는 것입니다.)

음경 삽입이 아닌 음핵 자극을 더 좋아한다면,

그 여자는 불감증으로 고통을 겪고 있으므로 심리 치료가 필요하다.

프로이트는 성인에게 자위나 음핵 자극은 부적절하고 불필요한 것이며, 여자는 오로지 남자와 교합하여 질에 삽입하는 것으로만 흥분하고 만족해야 하며, 또한 이것만이 수용할 수 있는 유일하고 건강한 성생활이라고 단언했습니다.

바로 이것이 여성의 섹슈얼리티를 깊은 우울증에 빠지게 한 새로운 시대의 서막이었습니다.

"2000년 동안 소중한 보물"*이었던 음핵이
그때부터 어둠 속에 묻혀야만 했어요.

1900년부터 1950년까지 수많은 텍스트에서 '음핵'이라는 단어가 거의 사라져버렸습니다. 보시죠.

* 리커, 383쪽.

* 리베카 챌커(Rebecca Chalker), 『음핵의 진실(Clitoral truth)』, 세 본스토리 출판사(Seven Stories Press)』, 2000년, 85쪽

의학 서적에서 음핵은 아예 무시하는 일이 대반자였어요. 1981년이 되어서도 마찬가지였어요. 예를 들어 『테이버의 의학 대백과 사전(Taber's Cyclo-pedic Medical Dictionary)』 (미국의 의학 대백과사전입니다.)의 여성 성기를 보여주는 그림에서 음핵은 명시될 권리가 없었지요.*

여기는 아무 이름도 없습니다!!!!
대음순
소음순
질
회음부

성적 쾌락의 핵심인 음핵이 침묵 속에서 간과되었고,
그 자리를 질이 채웠습니다.

여기서도 우리는 성과 성별에 따라 성기를 대립시키고 이분법적으로 구분하는 문화를 재확인할 수 있습니다.
음경과 질은 서로 대응하는 관계이며, 이러한 관념 속에서 생식기관들은 자기 짝이 있어야 했죠.
여기서 음핵은 환영받을 수 없었어요!

장갑 속의 손처럼 말이지!

부드러움과 단단함처럼!

칼과 상처처럼!

음과 양처럼!

그런데 여기 솟아나 있는 작은 무언가가 있는데……

쉿!

찬물 끼얹지 마!

프로이트는 음핵을 "남성 대응"이라고 불렀습니다.

오로지 성숙하지 않은 어린 소녀만이 남성 대응을 통해서 오르가슴을 느끼지!

질 오르가슴의 우위성에 대한 이러한 확신은 여러 세대에 걸쳐 여성의 성생활을 조건 지었습니다. 음핵 오르가슴을 느낀다는 이유 하나만으로 여자는 스스로 섹슈얼리티 혹은 성적 욕망이 없다고 믿어버렸으니까요.

프로이트의 질과 오르가슴에 관한 이러한 주장으로 크게 낙담한 한 여성이 있었으니, 바로 마리 보나파르트(Marie Bonaparte, 1882~1962년) 공주였습니다.

보나파르트는 남편, 그리스·덴마크의 왕자 게오르게스(Georges)와의 성교에서 질 오르가슴을 느끼지 못했으므로 스스로 "불감증"이라고 생각했습니다.

안녕하시오! 나는 그리스·덴마크의 왕자요.

보나파르트 공주가 말했어요.

자위할땐 너무 좋아! 완벽하게 오르가슴을 느낀다고! 그런데 그리스·덴마크의 왕자 게오르게스가 몇 시간 동안 거기를 왔다가 갔다가 하는 건 왜 이렇게 고통스러운 걸까!

난 정상이 아닌가 봐!

그리하여 마리 보나파르트는 자신의 음핵에 문제가 있다고 결론 내렸어요. 음핵이 질에서 너무 멀다고요. 마침내 음핵을 질 가까이 옮겨줄 외과 의사를 수소문했지요!

메스 대령!

그러니까 우리의 보나파르트 공주는 게오르게스 왕자의 손을 조금 옮기는 것보다 음핵을 옮기는 게 더 간단하다고 생각한 거예요!

불행히도 수술 결과가 좋지 않았어요. 그 이후에도 마리 보나파르트는 남편 게오르게스 왕자와 질 오르가슴을 느끼지 못했거든요.

78

1960년대 말, 성의학계의 마스터스와 존슨(Masters & Johnson) 연구실에서 놀라운 연구 결과를 발표했습니다.* 음핵이 여성의 섹슈얼리티에서 가장 중요한 위치를 차지한다는 것이었어요.

깜짝 뉴스예요! 음핵이 여자 섹슈얼리티의 중심이랍니다!

이걸 연구하는 데 장장 10년이 걸렸어요.

* 《섹스 앤 더 시티(Masters of Sex)》, 380쪽.

당시 이 깜짝 소식은 사람들에게 충격적인 선포였습니다. 여기에 대해 토머스 라커가 이렇게 말했습니다.

대부분 여성이 음핵 오르가슴형이라는 마스터스와 존슨의 발견은, 사실 17세기의 산파라면 누구나 알고 있었다.

기억상실의 거대한 파도가 20세기 초 과학계에 몰아쳤다. 아주 오랫동안 알려졌던 진실을 50년 후에야 마치 대발견인 양 찬양했으니 말이다.*

1967년, 페미니스트 쉐어 하이트(Shere Hite)*가 여성을 대상으로 한 대규모 설문 조사의 결과를 발표했습니다. 질문은, "여성은 어떻게 오르가슴에 도달하는가?"라는 것이었습니다. 그리하여 대상의 3분의 2가 질에 삽입하는 것으로는 만족하지 못하고, 음핵 자극을 통해서 오르가슴을 느낀다는 것을 보여주었습니다.

여성의 3분의 2가 마리 보나파르트와 같습니다.

이 결과를 기반으로 쉐어 하이트는 더 나아가 우리 사회에서 "성관계"가 어떻게 그려지고 있는지를 이야기했어요. 하이트는 사회에서 말하는 성행위는 기본적으로 남성이 오르가슴에 쉽게 도달할 수 있는 방식으로 표현하고 있음을 딱 꼬집어 비판했습니다.

그러니까 성행위란 "남자인 내가 어떻게 오르가슴을 가장 쉽게 느낄 수 있는가."라는 것이라고요?

바로 그거요!

* 미국 출신으로 독일의 성의학자이자 수필가이다. 하이트의 연구는 큰 파문을 일으켰고, 이후 수많은 위협과 공격의 대상이 되었다. 그리하여 하이트는 1995년 미국 시민권을 포기하고 독일 시민권을 받았다.

한 예로, 2010년 5월 27일 자 스웨덴 일간지 《엑스프레센(Expressen)》에 실린 카테리나 야노우크(Katerina Janouch)의 「사전 애무에 성공하기 위한 완벽한 일곱 가지 방법」이란 제목의 기사를 보시죠.

많은 여성은 본격적인 성행위에 들어가기에 앞서 최소한 20분간 애무를 받길 원한다.

↑ ↑ ↑ ↑ ↑ ↑ ↑ ↑

어떻게 성관계가 본격적인 성행위와 본격적이지 않은 사전 단계로 나눠질 수 있죠? 그렇다면 애무를 원하는 여성은 본격적으로 성교하지 있지 않는다는 이야기입니까?

그리고 완벽한 사전 애무 '주인과 하녀 역할 놀이'를 할 것을 권합니다.

창문 닦는 것이 세금 공제에 속하는가?

네.

정말로 저자는 '많은 여성'이 본격적인 성관계에 들어가기 전에 최소 20분간 하녀 역할을 해야 한다고 생각한 건가요? 어떻게 그런 생각을 할 수 있죠???

전 정말 모르겠어요. 제가 섹스의 달인이 아니라서요!

어쨌든! 우리 한번 음핵을 남녀의 성교에서 핵심에 두고 상상해봐요. 이때 우리가 '전희(前戱)' 혹은 '후희(後戱)'라고 부르는 것이 어떻게 바뀔까요? 여자가 오르가슴을 느끼고 만족한 후에도 남자를 위해 무언가를 해줄 의욕이 있는지, 배려할 마음이 있는지를 고민하는 모습도 말이에요. 다정한 평등주의자인 여성이라면 남자 파트너를 위해 당연히 조금의 '손 운동'을 해줄 수 있겠죠. 자, 상상이 가십니까?

내 여자친구는 정말 착해! 오르가슴을 느낀 다음에도 날 만족하게 해주려고 기꺼이 같이 시간을 보내준다니까!

오, 너무 사랑스럽다!

휴, 내 거기에 너무 관심이 집중되는 게 부담스러워!

내가 오르가슴을 느낄 때까지 여자친구가 기다릴 때 너무 긴장돼!

여자친구가 스스로 진짜 여자라고 느끼게 해주려면 나도 오르가슴을 느껴야 한다는 압박감이 있어! 얼마나 스트레스를 받는지 몰라!

저지방 과자

여자친구 옆에 있으면 내 몸이 너무 못생겨 보여서 부끄러워! 그걸 생각하면 긴장되고 오르가슴을 못 느끼겠어!

지난번에 남성용 피임약을 먹는 걸 잊었지 뭐야. 그때부터 너무 걱정돼서 미치겠어!

나는 남성용 피임약때문에 완전히 성욕을 잃었다니까.

모계사회에서 볼 수 있는 광경

몇 년 뒤, 성의학자 베벌리 휘플(Beverly Whipple)은 새로운 사실을 발견했습니다. 바로 지 스폿(G-Spot)입니다. 그것은 질 입구 안쪽에 있는 부위인데, 여기를 자극하면 오르가슴을 유발할 수 있다고 했습니다.

이것은 질 오르가슴과 음핵 오르가슴에 관한 오래된 논쟁을 다시 불러일으켰습니다.

예를 들어 《플레이보이(Playboy)》 잡지는 이렇게 썼습니다.

지 스폿의 발견은 남자들을 쉐어 하이트의 음핵 압박으로부터 자유롭게 해주었다.*

*세골렌 이노토 (Ségolène Hanotaux), 질 보봉(Gilles Bovon)의 영화 〈지스팟, 여성 쾌락에 대한 이야기〉(G-Spotting, A Story of Pleasure and Promise)》, 2011년.

하지만 우리는 수천 년 동안 형편없었던 연구들을 견디고 난 후에야 1998년, 진짜 흥미로운 것을 만나게 됩니다.

바로 호주 로열멜버른병원(Royal Melbourne Hospital)의 헬렌 오 코넬(Helen O'Connell)이 음핵 귀두는 빙산의 일각이라는 것을 발견했거든요! 음핵의 길이는 7~10센티미터이며 두 개의 음핵각(陰核脚)과 음핵구(陰核球)가 양쪽에서 질을 조이고 있습니다. 그리고 성기는 흥분할 때 전체적으로 부풀어 오릅니다.

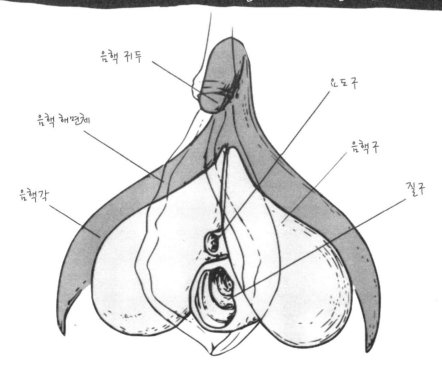

음핵 귀두

요도구

음핵 해면체

음핵구

음핵각

질구

이후 몇 년 동안
진행된 연구에서
음핵이 우리가
알던 것보다 훨씬 더
크며, 그것의 예민한
끄트머리는 아주 넓게
부풀어 오를 수
있음을 밝혔습니다.

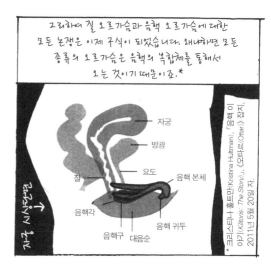

그리하여 질 오르가슴과 음핵 오르가슴에 대한 모든 논쟁은 이제 구식이 되었습니다. 왜냐하면 모든 종류의 오르가슴은 음핵의 복합체를 통해서 오는 것이기 때문이죠.*

자궁
방광
요도
음핵 본체
질
음핵각
음핵구
대음순
음핵 귀두

* 크리스티나 홀트만(Kristina Hultman), 「음핵 이야기」(Klitoris: The Story), 《오타르(Ottar)》 잡지, 2011년 5월 20일 자.

프랑스의 산부인과 의사 오딜 뷔송(Odile Buisson)은 이렇게 썼어요.

질구 내벽은 음핵과 분리할 수 없습니다. 질을 흥분시키려면 반드시 음핵 자극을 동반해야 하지요.

따라서 질 오르가슴은 음핵 오르가슴에 속하는 것입니다.*

* 《성 의학 저널(Journal of Sexual Medicine)》, 2001년과 2012년 4월 호

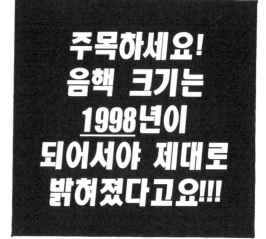

주목하세요!
음핵 크기는
<u>1998</u>년이
되어서야 제대로
밝혀졌다고요!!!

만약 그때까지 그 훌륭하신 의사들이 음핵 대신 췌장의 크기를 만장일치로 잘못 알았다면 어떻게 됐을까요?

췌장은 그 크기가……
1센티미터입니다.

근거: 눈으로 어림잡아서.

그런데 더 놀라운 것은 음핵의 실제 크기가 밝혀진 지 몇 년이 지난 지금까지도 생명·지구 과학 교과서는 잘못된 정보를 담고 있다는 사실입니다!

민감한 음핵

소음순이 서로 만나는 지점에
1센티미터의 작은 돌기가 있습니다.
그것이 바로 음핵입니다.*

* 『생명·지구 과학 교과서』, 리베르(Liber), 2006년.

어쨌든!

현대의 성기에 대한 인식이 여전히 19세기와 달라진 게 없습니다. 그리고 오늘날까지도 성 정체성은 해부학에 매달려 있고, 성을 이분법적으로 나누며, 두 성기는 서로 대칭하며 상호 보완적이라는 생각에서 벗어나질 못했습니다.

두 성기가 서로 비슷하다고 생각하기보다는 대칭적이거나 상호 보완적이라고 보는 관념을 근거로 하는 글은 아주 흔합니다. 여기 그 예로 음핵과 음경의 사정에 관한 글이 있습니다. 흔히 생명·지구 과학 교과서에서는 성적 흥분을 이렇게 말하지요.

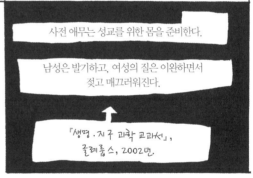

사전 애무를 진행하는 동안,

욕망은 점점 커지고, 남성의 음경은 단단해진다.

동시에 여성의 질은 매끄러워지는데,

이는 음경의 삽입을 용이하게 한다.

『생명·지구 과학 교과서』, 알름크비스트오 크 빅셀(Almqvist & Wiksell), 2001년.

사전 애무는 성교를 위한 몸을 준비한다.

남성은 발기하고, 여성의 질은 이완하면서 젖고 매끄러워진다.

『생명·지구 과학 교과서』, 굴레룹스, 2002년.

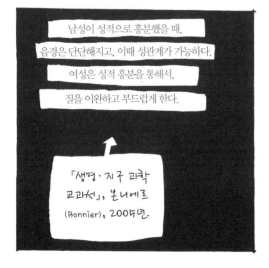

남성이 성적으로 흥분했을 때,

음경은 단단해지고, 이때 성관계가 가능하다.

여성은 성적 흥분을 통해서,

질을 이완하고 부드럽게 한다.

『생명·지구 과학 교과서』, 본니에르 (Bonnier), 2005년.

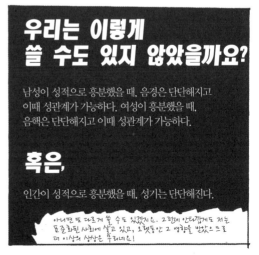

우리는 이렇게 쓸 수도 있지 않았을까요?

남성이 성적으로 흥분했을 때, 음경은 단단해지고 이때 성관계가 가능하다. 여성이 흥분했을 때, 음핵은 단단해지고 이때 성관계가 가능하다.

혹은,

인간이 성적으로 흥분했을 때, 성기는 단단해진다.

아니면 또 다르게 쓸 수도 있겠지요. 그런데 안타깝게도 저는 표준화된 사회에 살고 있고, 오랫동안 그 영향을 받았으므로 더 이상의 상상은 무리네요!

다른 예를 볼까요? 200년 동안 두 성의 다른 점에만 열을 올린 덕분에 우리는 남성과 여성의 섹슈얼리티에서 몇몇 비슷한 점은 완전히 무시해왔습니다. 바로 여성의 사정이 그렇습니다.

17세기에는 아주 꼼꼼하게 여성의 사정을 파고들었습니다. 그러고는 의학계에서 1980년대까지 완전히 사라졌지요. 베벌리 휘플 박사가 이 주제의 연구 결과를 발표하기 전까지 말이에요.

20세기에 여성의 사정은 비뇨기관의 문제로 여겨졌지요. 지금까지도 많은 사람이 흔히 그렇게 생각하고 있고요.

여성의 오르가슴에 대해선 말할 것도 없소.

그건 그냥 고양이 오줌 같은 것이오!

예를 들어, 영국에서는 영화에서 '여자 분수(성관계하는 동안 너무 많은 액이 나오는 여자)'를 보여주는 것을 금지하고 있습니다. 왜냐하면 화면에서 보이는 액체는 소변에 속하며, 법에 따르면 성기와 관련된 소변을 보여주는 것은 외설적이기 때문입니다.

제가 말하고 싶은 것은 여성의 오르가슴과 섹슈얼리티에 관련한 모든 논의는 언제나 육체와 남성의 오르가슴과 남성의 섹슈얼리티에 빗댄 것이라는 점입니다.

역사적으로 여성의 섹슈얼리티는, 먼저 남성의 섹슈얼리티의 하위에 있다고 여겨졌고, 그다음에는 그와 반대의 것이라고 했습니다.

하지만 완전히 평등한 객체로서는 한 번도 존재한 적이 없었던 겁니다.

이번 장은 여기서 끝!

이브에 대해서

혹은

우리
엄마들의
에덴동산을
찾아서

책에서 죄의식과
수치심의 차이점을
읽은 적이 있어요.
죄의식은 우리가 한
행동 때문에 느끼는 것이고,
수치심은
본래의 자신에게 느끼는
감정이라고 합니다.

신은 아담과 이브가 금단의 열매를
먹은 걸 알고 화가 나서 에덴동산에서 내쫓았지요.

나가!

동산을 떠나자 아담과 이브는 벌거벗은 몸을 의식했어요.
몸의 은밀한 부분에 수치심을 느꼈어요.
그래서 무화과나무의 잎을 따 몸을 가릴 옷을 만들어 입었지요.

이브가 말했다.

생리를 처음
시작했을 때 엄마한테
생리대를 사달라는
말을 못했어요.

그래서 팬티 안에 화장지를 잔뜩
채워 넣었어요. 그리고 스카치테이프로
고정했어요. 엉망이었어요.

특히 검찍했던 복통을 잊을 수가 없어요.

생리통에 시달렸을 뿐만 아니라 너무 무서워서 그렇게 아팠던 거 같아요.

이브가 말했다.

전에는 성기를 '아랫도리' 아니면 '거기'라고 불렀어요.

저는 '거기'라는 말이 맘에 들어요!

이브가 말했다.

여덟 살 때 슈퍼마켓에서 포르노 잡지 표지에 여자 성기가 크게 나와 있는 걸 봤어요. 너무 혐오스럽고 검찍했어요.

이유는 모르겠어요. 그냥 너무 부끄러웠어요.

어둡고 깊은 물 속의 커다란 바위 아래에 눌려서 빠져나올 수 없는 느낌이었어요. 귀에서는 응응 소리가 들렸고요.

이브가 말했다.

열한 살 때 생리를 시작했어요. 그때는 생리가 뭔지 전혀 몰랐어요!

피가 다리 사이로 흐르는데, 이렇게 죽는 거구나 싶었어요.

무서웠어요. 그렇게 무서웠던 적은 없었어요.

새벽이었어요. 차가운 물에 빨아두었던 속옷을 최대한 말려서 입었어요. 어쨌든 옷을 입어야 했으니까요.

몹시 추운 겨울이었죠. 속옷은 가랑이 사이에서 얼어붙어 갔어요. 피는 멈추지 않고 계속 흘렀고요. 그 다음 달도 같았어요. 그 다다음 달도……

겨우내 밤마다 차가운 물에 속옷을 빨고 아침에는 얼어붙은 그 속옷을 입었죠.

그리고 매번 똑같은 두려움과 걱정에 시달렸어요.

이브가 말했다.

어렸을 때 버스를 탔는데, 옆에 나이 많은 남자가 앉았어요. 그 남자는 자기 손을 내 허벅지 사이에 넣었어요.

너무 당황해서 아무 말도 할 수 없었어요.

93

* 역주: 생식기(외음, 음핵, 손가락 등) × 질이 수축하면서 경련이 일어나는 상태. ** 역주: 음부에 만성적인 통증이 있는 상태.

이브가 말했다.

열한 살때, 학교 가는 길에 자전거에서 넘어졌어요. 자전거 핸들이 다리 사이에 심하게 부딪혔어요.

학교에 도착하자마자 화장실에 들어가서 봤더니, 거기에서 피가 철철 흐르고 있었어요.

친구한테 말했더니 여자 선생님을 모시고 왔어요. 선생님은 나를 보고 엄청 당황해하더니 생리대를 가져다줬어요.

하지만 생리가 아니었어요. 생리 주기가 정확해서 알 수 있었어요.

피는 점점 더 많이 흘렀고, 바닥이 피로 흠건해졌어요. 결국 정신을 잃었죠.

그리고 바로 응급실에 옮겨졌어요.

몇 년 후 학교를 마칠때까지 아무도 그 화장실 칸을 사용하지 않았어요.

다들 거기가 너무 더럽다고 생각했어요.

아이들은 그곳을 "생리 중인 화장실"이라고 불렀어요.

이브가 말했다. 나는 자주 외음부에 통증을 느껴요. 그걸 외음부통이라고 하더라구요. 열 살때부터 그랬어요.

그래서 의사를 찾아갔더니 심리적인 이유라고 하더라고요. 성관계를 맺을 때 너무 긴장해서 그렇대나.

결국 통증을 제대로 이해하고 진단을 내릴 수 있는 의사를 만날때까지 4년이 걸렸어요.

이브가 말했다.

열여덟 살 때 소음순이 갑자기 엄청 커졌어요. 그리고 몇 년이 지난 지금까지 그 상태예요.

스톡홀름의 한 병원에서 수술 예약을 했어요. 이번 가을에 수술을 받을 예정이에요.

그런데 올여름에 어떤 남자를 만났는데, 그 와 사랑에 빠져버렸어요.

어떻게 해야 할지 모르겠어요.

이브가 말했다.

200누년에 출산한 이후부터 그곳에 통증을 느껴요. 점점 더 심해지고 있고요.

소음순이 계속 부풀더니 대음순을 넘고 말았어요.

이제는 소음순과 음핵이 붙어 있는 상태예요. 도대체 어떻게 된 일일까요?

너무 고통스러워요.

남자와 성관계도 못 하겠어요……. 성기가 너무 추해서 도저히 보여줄 수가 없는걸요.

이브가 말했다.

솔직히 말해서 지금껏 한 번도 성기 상태를 진찰받은 적이 없어요. 그걸 왜 해야 하죠?

자위한 적도 없고, 어떻게 하는지도 모르는데……. 정말 거기에 대해 무심했어요!

그런데 남자들을 만나고 그들이 거기를 드나들면서부터 내 성기에 대해서 생각하기 시작했어요.

하지만 아직도 그곳이 내 것이라기보다 남자를 위한 것이라고 느껴요.

이브가 말했다.

난 내 성기가 부끄러워요. 이유는 몰라요.

그래서 어떤 남자한테도 보여준 적이 없어요.

지금보다 어렸을 때, 산부인과에 간 적이 있어요. 그리고 인생에서 가장 끔찍한 진찰을 받았죠.

의사는 정상이라고 하더군요. 하지만 그 말을 믿을 수 없었어요.

거기가 엄청나게 큰 것도 모자라서, 매일 액이 줄줄 흘러나와요.

작은 숟가락으로 하나만큼 끈적끈적한 액이 매일 나와요.

딱히 냄새가 나는 건 아니지만, 불결하게 느껴져요.

이 장의 출처는 『성경』, 가정생활 사이트 '파밀리에리브(familjeliv.se)', 인터뷰, 이메일로 주고받은 서신, 데니세 말름베리(Denise Malmberg)의 『수치스러운 붉은 꽃(Skammens röda blomma)』입니다.

생리대와 탐폰 광고에서 곧잘 두 가지 콘셉트를 볼 수 있습니다.
그 콘셉트는 판매에 가장 큰 영향을 미치는 것입니다. 바로 '청결'과 '보호'죠.

생리하는 동안 청결을 유지하고 당신을 보호하기 위해.

활동적인 여성에게 깨끗함과 상쾌함 그리고
안심은 일상에서 아주 중요하죠.

생리 중에도 깨끗함과 편안함을 느끼고 싶나?

어떻게 움직여도 안심할 수 있습니다!

안심

당신에게 꼭 맞춘 생리대, 절대 새지 않아요.

상쾌함

보호받는

언제나 깨끗하게.

느낌

매일

매일매일 깨끗한 당신.

생리

매일

하루 내내 상쾌함을 느끼고 싶은 당신에게.

최상의 안락함과 샐 걱정 없는 당신의 하루하루를 위한 필수품.

편안하게 안심하며 쓸 수 있는 당신의 생리대.

그 날에도 안심하고 싶다면.

당신의 소중한 인생을 즐기세요. 생리 중에도 상쾌함을 잃지 않고 안심할 수 있습니다.

데오도란트와 립스틱은 여자의 자기 관리를 위한 필수품이죠? 팬티라이너(Panty liner)는
당신의 편안한 일상을 위한 필수품이에요. 언제나 안심할 수 있고,
당신의 여성스러움과 깨끗함을 간직할 수 있어요.

**왜 이
두 콘셉트가
난무할까요?
도대체
왜 우리는
생리할 때
안심해야 하죠?
무엇으로부터
우리를
보호해야
하나요?**

물론 피가 샐까 봐지요. 월경혈이 속옷이나 침대보에
묻어서는 안 되고, 심지어 다른 사람들이 있을 때
의자나 소파에 자국을 남겨서는 안 되니까요.

만약 다른 자국을 냈다고 생각해 봅시다.
포도주를 마시다가 너무 취해버려서 자기 옷이나 다른 사람 옷에,
그것도 아니면 남자친구 집 소파에 포도주를 쏟아버렸다고요.
이때도 '보호'나 '안심'이 필요할까요?

**생리할 때
우리는 무엇을
두려워하는 걸까요?
소파에 자국을
남겼을 때 휴지를
꺼내는 일,
소파를 닦는 일
그리고 그
수고스러움을
두려워하는 것일까요?
아니죠.
자신이 생리 중이라는
사실을 타인이
알게 될까 봐
무서운 것입니다.**

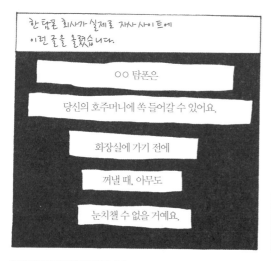
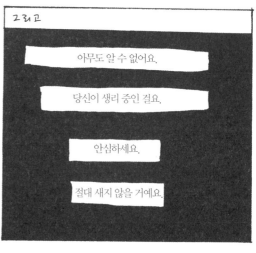

그런데 왜 아무도
탐폰을 쥐고
있는 것을 봐서는
안 되는 거죠?
왜 아무도
생리 중인 걸
몰라야 하는 거죠?

그 이유는 분명합니다.
왜냐하면 생리는
우리 사회의 금기이기
때문입니다.

물론 이 금기는 문화권에 따라
다양한 양상을 띠고 있습니다.
하지만 놀라운 것은 2000년 전부터
언제나 금기시됐다는 것입니다.

어떤 이들은 금기를 뜻하는
'터부(tuboo)'라는 단어가
폴리네시아어의 '투푸아(tupua)'에서
유래했다고 합니다. 그런데 '투푸아'는
그 외에 월경도 의미합니다.*

* 재니스 딜레이니(Janice Delaney)·메리 제인 럽턴(Mary Jane Lupton)·에밀리 토트(Emily Toth), 『저주, 월경의 문화사(The Curse: A Cultural History of Menstruation)』, 더턴(Dutton), 1976년, 1쪽.

역사적으로 아주 많은 문화권에서 월경혈은 더럽다는 관념이 지배적이었습니다.

예를 들어볼까요. 「레위기」*의 아주 많은 부분에 불결함에 대해 쓰여 있습니다. 바로 월경을 가리키는 것이었죠.

* 역주: 『구약성서』의 모세 5경의 하나.

105

역사적으로 월경혈은 더러울 뿐만 아니라 독성이 있다고 간주했어요. 파괴적인 것이었죠.

로마의 박물학자 대(大) 플리니우스(23~79년)는 자신의 책 「박물지(naturalis histoia)」에서 월경혈에 대해 이렇게 썼습니다.

그것과 접촉한 술은 쉬어버린다.

식물이 시들어버린다.

씨앗이 말라버린다.

과실이 나무에서 떨어진다.

칼날과 상아는 광택을 잃는다.

벌들이 죽는다.

구리와 철은 녹슨다.

불쾌한 냄새가 공기 속에 퍼진다.

그것을 핥은 개는 미친개가 된다.

그리고는 독에 감염되어 결국엔 죽는다.

심지어 개미와 같은 작은 벌레마저 그것을 싫어해서 그것과 닿았던 곡식을 다시는 만지지 않도록 멀리 던져버린다!!!

또한 마녀재판을 다룬 중세의 문서들을 보면 월경에 대한 오래된 혐오감을 명백하게 알 수 있습니다. 교황 인노첸시오 8세(Innocentius VIII)는 마녀들이 사회에 미치는 부정적인 영향을 적극적으로 주장했던 사람 중 한 명이었어요. 1488년, 교황은 교서에 월경에 대해 이렇게 썼습니다.

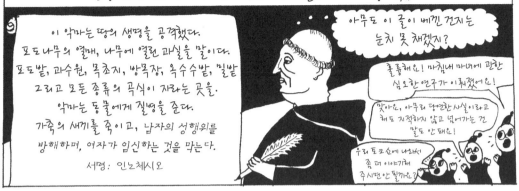

이 악마는 땅의 생명을 공격했다.
포도 나무의 열매, 나무에 열린 과실을 말이다.
포도밭, 과수원, 목초지, 방목장, 옥수수밭, 밀밭
그리고 모든 종류의 곡식이 자라는 곳을.
악마는 동물에게 질병을 준다.
가축의 새끼를 죽이고, 남자의 성행위를 방해하며, 여자가 임신하는 것을 막는다.
서명: 인노첸시오

월경혈이 파괴적인 힘을 갖고 있다는 미신을 비교적 최근까지도 믿었다는 예는 얼마든지 찾아볼 수 있습니다.

어떤 사람들은 빨랫줄이나 사다리 밑을 지나가서는 안 된다고 굳게 믿고 있습니다. 월경에 대한 공포 때문이죠. 월경혈을 제대로 단속하지 못한 여자가 아래에서 지나가는 사람의 머리에 피를 쏟을까 봐 말입니다.*

*「저주」, 8쪽.

1920년대 스웨덴에서 생리 중인 여자는 파마를 피해야 한다는 미신이 돌았어요. 파마가 오래가지 않기 때문이라면서요. 실제로 많은 사람이 이 미신을 믿었어요.*

*「저주」, 8쪽.

19세기 사이공의 아편 공장은 절대 여자를 채용하지 않았어요. 생리 중인 여자가 공장에 있으면 상품의 질을 망치리라고 믿었기 때문이에요. 공장장은 이렇게 말했어요.

생리하는 여자는 위험하고 파괴적이오! 우리에겐 여자가 필요 없소!

하지만 여러분, 아편은 전혀 해롭지 않아요.

이런 이유로 월경은 신성한 힘, 초자연적인 힘, 성스러운 힘, 중대한 힘을 상징했습니다.
이것이 생리를 둘러싼 다양한 금기가 탄생하게 했고요.

그러니까 가부장적인 종교가 사회를 지배하기 전까지,
월경은 혐오의 대상이기보다는 숭배의 대상이었던 거군요.

터키의 괴베클리 테페(Göbekli Tepe)에는 기원전 제이천년기(10th millennium,
기원전 1만~기원전 9000년)의 유적이 있는데, 지금까지 발견된 유적 중
가장 오래된 종교의식의 흔적이 있습니다.
(스톤헨지 보다 7000년이 나 더 오래됐어요!!!!)
그 곳의 사원에서 우리는
다음과 같은 그림을
발견했습니다.

(BBC에서 방영된 다큐멘터리를 보고 그린 것입니다.
〈신성한 여성, 신이 소녀일 때(Divine Women: When God Was A Girl)〉, 2012년.)

독일 중부에 있는 홀레펠스(Hohle Fels)라는 동굴에서 우리는
일련의 점들이 새겨져 있는 돌들을 발견했습니다.
고고학자들에 의하면, 이것은 생리 날짜를
기록한 것이라고 합니다. (〈슈피겔〉, 20II년 II월 9일 자.)

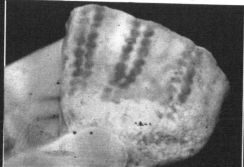

오늘날 힌두교와 같은 다신교의 여신상에서
피를 흘리는 형상을 볼 수 있습니다.

* 인도에서 발견된 나무 위에 새겨진 조각,
마투 전실, 「보지」, 79쪽.

110

우리는 토착민이 월경을 종교적인 것, 신비로운 것, 실존적인 것으로 생각한 수많은 예를 찾아볼 수 있습니다.

앞에서 여러분께 폴리네시아어 '투푸아(tupua)' 혹은 '타푸(tapu)'에 대해 이야기했었죠? 지금 우리가 사용하는 단어 '터부(금기)'의 원형일 수도 있으며, 또한 '월경'을 의미한다고요. 그런데 말이에요. '타푸'의 가장 많이 사용되는 또 다른 의미는 '성스러운 것'입니다.

* 이 정보를 알려준 율리아 예르트(Julia Giertz)에게 감사의 인사를!

그러니까 '터부'는 기독교인이 단어에 부여하고자 했던 '극히 혐오스러운 것'이라는 의미가 아니란 말입니다.

'타푸'의 다른 예로 공동묘지, 문신, 전장에서 피를 뒤집어쓰고 귀가하는 사람 등을 들 수도 있겠죠. 이것들은 사람에 따라 혐오스러울 수도 있지만, 성스러울 수도 있으니까요.

정신분석학자 브루노 베텔하임(Bruno Bettelheim)은 포피 절제와 같이 남성 성기에서 피를 흐르게 하는 통과의례에 관해 이야기했습니다. 베텔하임은 이러한 의례의 목적이 월경의 모방이라고 했어요.

이 의례들은 남성이 월경을 원했다는 것을 보여줍니다. 종교적으로 출산이 매우 중요한 위치를 차지하므로 이러한 현상이 있었던 것이지요.*

* 『저주』, 224쪽.

브루노

또 다른 예로는 요도 절개가 있습니다. 이것은 요도의 안쪽을 절개하여 음경 일부분을 반으로 가르는 것입니다. 목적은 남성 성기에서 피를 흐르게 하고 여성의 외음부와 닮게 하는 것이었어요.*

이 의식은 오스트리아, 아마존, 케냐, 하와이, 사모아**의 다양한 토착 민족 사이에서 행해졌어요. 그리고 최근에는 삶이 너무 지루한 백인 남자들이 자기 성기에 요도 절개를 하고 그 위에 피어싱을 한답니다. ☺

* 요도 절개(subincision)'를 '음경 절개'로 처리함. 원서 이미지에 검색창에 "요도 절개"로 처리함. — 옮긴이

** 『저주』, 224쪽.

남성 중심의 종교가 등장했을 때, 월경이 남성적인 신과 경쟁해서는 안 되므로 의례에서 제거되어야 했습니다. 남성 중심의 종교에서 월경에 관해서 공격적인 글들을 쓴 것은 바로 이러한 이유 때문입니다.

월경에 대한 내 의견을 말하자면, 그건 아주 혐오스러운 것이오!

다시 볼까요.

하지만 신성이 깃들고 신비로운 힘을 가진 거라는데요?

절대 아니오! 그건 혐오스럽고 더러운 것일 뿐이오!

게다가 월경하는 자도 혐오스럽고 더러운 사람이오!!!

111

예를 들어 제차 산업혁명이 일어나기 전 스웨덴의 농촌에서는 가족의 고통과 병을 낫게 하는 치료제뿐만 아니라 사랑의 묘약으로도 월경혈을 사용했어요. *

* 데니세 멀름베리, 『수치스러운 붉은 꽃』, 웁살라대학교, 1991년, 92쪽.

여자가 술이나 커피에 몇 방울의 월경혈을 섞어서 남자에게 주면, 남자는 그 여자를 사랑하게 된다는 믿음이 있었어요.

예를 들어 마을의 한 남자가 어떤 소녀에게 완전히 빠져서 정신을 못 차릴 때, 사람들은 그 소녀가 그 남자를 유혹했다고 의심했어요.

특히 농장주의 아들이 갑자기 하녀에게 열정을 느끼거나 하녀와 옳지 못한 관계에 얽혔을 때, 여자는 더욱 의심을 받았죠.

이런 방식으로 사랑을 유발하는 것은 비도덕적이라고 간주되었고, 이 비법을 쓰는 여자들에게 정숙하지 않다는 비난이 쏟아졌습니다. *

* 멀름베리, 97쪽.

저속하고 뻔뻔한 여자야!

그리고 그렇게 이루어진 사랑은 진짜가 아니면 오래갈 수 없다고 생각했어요. 관계가 유지되는 동안에도 연인은 늘 다툴 거라고도요. *

* 멀름베리, 94쪽.

1839년에 전해진 이 이야기는 어떤 남자가 젊은 시절에 경험한 일을 담은 것입니다. 한 여성이 그 남자를 카페에 초대했습니다. 그 남자가 뭐라고 하는지 볼까요?

이 여자 때문에 나는 이성을 잃었소! 애가 타서 견딜 수가 없소! 항상 보고 싶고, 욕망을 억누를 수가 없단 말이오.*

* 밀크베리, 95쪽.

사랑에 빠진 남자는 마녀의 희생자였고, 그 남자는 병을 고쳐줄 수 있는 사람의 도움을 받아야만 했습니다.

핀란드의 스웨덴계 민족의 전통에선 이러한 사랑을 오히려 긍정적으로 보았습니다. 그들은 월경혈을 마시면 다투던 연인도 다시 좋은 관계로 돌아가고, 열정이 식은 부부가 다시 사랑을 피울 수 있다고 믿었어요.

우리 오늘 밤을 좀 낭만적으로 보내볼까? 다시 한번 뜨거운 시간을 만들어 보자고. 바닷가는 어때?

좋지. 그런데 바다까지 갈 필요 없어. 그냥 내 월경혈을 조금 마셔 봐.

* 밀크베리, 96쪽.

20세기 초에 있었던 일이라네요. 옹에르만란드(Angermanland)의 어느 지방에 사는 나이 지긋한 민간 치료사가 약으로 쓰일 '음부의 피'가 들어 있는 병을 손님들이 건드려서 화를 무지하게 냈다고 합니다.

나 같은 늙은이가 이걸 구하는 게 얼마나 어려운지 아소!

* 밀크베리, 87쪽.

남자는 저주를 푸는 데 성공합니다. 어떻게요? 여자에게 침을 뱉고 '모욕적인 단어'들을 퍼부으면서 말이죠.*

상스럽고 건방진 년! 웩!

아, 이 시골뜨기......, 여길 뜨든지 해야지!

* 밀크베리, 95쪽.

이러한 신비로운 힘을 믿는 이에게 월경혈은 때로 매우 귀중한 것이었습니다. 그것을 얻기 힘든 사람에게 말이에요.

당시의 글들을 보면, 마을 여자들이 간혹 자신의 월경혈을 필요한 사람에게 주었다고 해요.

설탕이 필요하니?

아뇨, 월경혈 좀 주세요.

* 밀크베리, 87쪽.

이번엔 여러분에게 월경전증후군에 대해서 조금 이야기할까 해요!!! →

1968년 대학생들은 여성이 월경을 둘러싼 기간에 꾸는 꿈에 관한
연구를 발표했습니다. 연구 결과는 월경 전(즉, 생리를 시작하기 사나흘 전)
꾸는 꿈은 죽음, 죽음에 대한 공포, 막연한 불안, 수치심에서 비롯한 불안,
신체 일부분을 다치는 상황에 대한 두려움을 암시하며,
이는 반복적으로 나타나고 있음을 보여주었습니다.(『저주』, 74쪽.)

손가락을 다쳐서 피를 흘리는 꿈을 꾼다.
그 피는 영원히 멈출 것 같지 않다.

밤이 영원히 계속되는
꿈을 꾼다.

꿈속에서 누군가가 죽는다.

꿈속에서 누군가가 죽는다.
그것은 나 때문이다.

꿈속에서 나는 '이브'다.

바위 사이에 끼여
갇혀 있는 꿈을 꾼다.

나는
벌거벗었고
수치심을 느끼는
꿈을 꾼다.

꿈속에서 나는 너무 바보 같아서 모든 사람이 나를 비웃는다.

꿈속에서 내 가슴을 밟더니
짓눌리고,
구멍이 뚫려 있었다.
그 안은 컴컴한
어둠만이 있어서
마치 깊은 동굴 같았다.

내 아이들을 잃어버리는 꿈을 꾼다.

꿈속에서 나는
죽길 원하지 않는다.

죽는 꿈을 꾼다.

이런 꿈들을 통해 우리는 월경 전에 여자가 느끼는 다양한 감정을 알아볼 수 있었습니다. 예를 들어 바로 아래와 같은 것들이죠.

결핍감

열등감에서 비롯한 다양한 감정들.

적의

수많은 것에 대한 증오.

번개가 치는 구름은 공통적으로 분노를 상징해요.

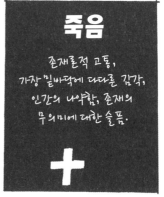

죽음

존재론적 고통, 가장 밑바닥에 다다른 감각, 인간의 나약함, 존재의 무의미에 대한 슬픔.

우리는 이 연구뿐만 아니라 당장 우리 주위와 자신을 들여다보면 많은 여성이 월경 전에 이러한 감정을 느낀다는 것에 공감할 수 있을 거예요. 모든 여성이 그렇진 않겠죠. 하지만 이것은 분명한 사실입니다.

월경 전에 어떤 여성들은 마치 닫혀 있던 수문이 열리는 것처럼 느끼기도 하고, 어두운 감정 속에서 아주 예리하게 정제된 감각이 찾아오기도 합니다.

어떤 이들은 월경 전 기간에, 뛰어난 감각과 통찰력을 경험하는 것이죠. 이 기간은 아주 고통스럽지만, 동시에 흥미롭고 풍요로운(예를 들어, 창조적인 활동을 할 수 있는) 시간을 보낼 수도 있는 겁니다.

제가 아는 여성 작곡가는 매달 생리를 시작하기 이틀 전부터 극심한 불안감에 시달린다고 합니다. 하지만 그 작곡가는 이날을 손꼽아 기다립니다. 왜냐하면 그 불안감이 창의력을 자극해서 작곡할 수 있도록 이끈다는 거예요. 그 작곡가의 이야기를 들어보시죠.

평소의 내 삶은 조화롭고 행복해요. 아무런 부족함도, 어떤 새로운 것을 추구할 원동력도 없죠. 월경전증후군으로 겪는 정신적 고통은 나를 창조적인 삶으로 이끌어주고 있어요.

121

마침내 생리가 시작했을 때 우리는 어떤 속박에서 벗어나는 자유를 느낍니다. 이것 역시 창의력을 고조할 수 있습니다. 버지니아 울프(Virginia Woolf)는 1928년 2월 18일 자기 일기에 다음과 같이 썼습니다.

어제 요즘 작업 중인 『올랜도(Orlando)』라는 글의 가장 중요한 부분을 빨리 쓸 수 있을 줄 알았다. 하지만 아무것도 쓸 수 없었다. 그런데 오늘 그 글을 모두 썼다. 내 믿음에 의하면 주기적으로 일어나는 생리학적 이유 때문인 것 같다.

그것은 정말 이상한 감각이다. 그건 마치 손가락이 머릿속을 떠다니던 생각의 물결을 막고 있다가 손가락을 뗐더니 피가 격렬하게 사방으로 흘러넘치는 것과 같다.

저는 이렇게 생각해요.
월경전증후군은 환하게 빛나는 숲속의 빈터와 같아요. 그곳에서 우리는 세상을 관조하고 세상의 진짜 모습을 알아차릴 수도 있습니다.
존재의 의미와 불행의 근원도 말이에요.

여러분도 이 점을 꼭 인지하셨으면 좋겠어요.
만약 우리가 모계사회에 살고 있다면 월경전증후군은 훨씬 더 중요하게 다루어졌을 거예요.
19세기에 남성의 우울증이 문학의 주요 소재가 됐었고, 지금 팟캐스트에서 남성들이 자신의 불안증을 심각하게 떠들어대는 것처럼 말이에요.

다들 로뎅(Rodin)의 〈생각하는 사람〉 조각상을 알고 있겠죠?
근육질의 한 남자가 턱밑에 손을 받치고 생각에 깊이
빠져 있는 조각상말입니다.
그런데 한번 상상해 보자고요.
이 조각상이 여자라면,
한 손을 무거운 배 위에 얹고
월경의 고통과 월경전증후군의
우울함에 빠져 있는
모습이
될 수도 있어요.

이때 조각상은 그
고통스러운 시기의
깊은 감수성, 명징함 그리고
섬세함을 표현하고
있는 것이지요!

제 말에 동감하시나요?

만약 우리가 성 정체성을 이분법적으로 나누는 사회에 살고 있지 않다면, 월경과 월경전증후군은 특별히 한 성에만 국한하지 않을 거예요. 그리고 이 〈생각하는 사람〉 조각상이 그 외형을 그대로 간직하고 있어도, 월경전증후군의 우울함을 표현하고 있는 사람으로 해석할 수도 있지 않겠어요?

그럼 이 장의 첫 면을
장식할 그림도 이렇게
그릴 수 있었겠죠?

리겨스케이팅을 타고 있는 소년

아니면 전혀 다른
그림이 될 수도 있었겠죠!
하지만 저는 표준과 규범의
사회에서 살고 있고 길들어 있어서
그것을 그릴 수 있었을지 모르겠어

앗, 그런데 뭘 이야기하고 있었죠? 아!

월경전증후군!

그거 아세요? 고대 그리스인도 월경전증후군을 알고 있었어요!! **정말이에요!!!**

고대의 의사이자 철학가였던 카파도키아의 아레테우스(Aretaeus of Cappadocia)는 우울증을 여성이 월경을 끝내거나 남성이 치질로 출혈할 때 나타나는 증상이라고 설명했어요. 아레테우스는 이 두 가지를 같은 것이라고 봤습니다!

물론이오, 영국인이 프랑스 땅에 쳐들어 왔을 때를 생각해 보시오.*

역주: 토머스 라퀴, 『만들어진 섬』, 갈라파고, 84쪽

*역주: 1815년, 영국군이 프랑스 영토에 쳐들어왔을 때 빨간색 유니폼을 입고 있었다. 그래서 프랑스에서는 월경을 이렇게 지칭하기도 한다.

고대 그리스에서는 다리 사이에서 피를 흘리는 행위로 남성과 여성 사이의 구분을 두지 않았어요. 그것은 단지 너무 많은 피를 몸 밖으로 배출하는 현상일 뿐이었죠.*

플라톤의 월경전증후군이 또 돌아왔어!! 얼마나 짜증을 내는지 몰라!

고함을 질러대고 있어! 소크라테스가 월경전증후군일 때는 말도 걸면 안 돼.

소크라테스는 또 어떻고! 하루 내내

정말 무서워서 못 살겠어!

*라퀴, 84쪽

몇 세기 후, 정확히 말하자면 19세기가 돼서야 여성의 몸이 생물학적으로 남성의 몸과 다르다는 것이 매우 중요한 사실이 되었습니다.

그 이유는 정치적이었습니다. 과거에는 단순히 신을 이유로 들면서 남성이 여성보다 사회적으로 더 큰 권력을 장악해야 한다고 말하면 그만이었습니다.

여성은 남성을 보조해야 하오. 왜냐하면…… 신이 그러길 원하시기 때문이오!

신이 내게 그렇게 말씀하셨소!

진짜요!

하지만 19세기 사회는 변했습니다. 무엇이든 과학적인 증명이 필요했죠. 그래서 왜 여자가 남자의 아래에 있어야 하는지 이성적으로 설명할 다른 근거를 찾아내야 했습니다.

여자는 남자를 보조해야 합니다. 왜냐하면…… 생물학적으로 여자의 몸이 그렇게 만들어졌기 때문입니다!

내가 그걸 발견했소!

진짜요!

그리고 이때 여자의 월경은 정치적으로 이용할 수 있는 큰 건수가 되었죠.

가장 유명한 예는 이것입니다. 1874년, 에드워드 클라크(Edward H. Clarke) 박사가 『교육에서의 성(Sex in Education)』을 발표했는데, 이 연구에서 여성은 대학에서 공부할 수 없다고 주장했죠. 그 이유는 학업은 뇌의 피를 엄청나게 많이 소비해야 하는데, 여자는 그 피를 월경할 때 다 써버린다는 것이었습니다. *

여자가 대학에?

그것은 곧 인류의 종말이오!

『저주』, 53쪽

1년 뒤, 학자이자 의사인 에이즐 에임스(Azel Ames)는 여자는 공장에서 일할 수 없다는 요지의 글을 발표했습니다. 그 이유는 공장에서 일하는 것이 여성의 월경에 해를 끼칠 수 있다는 것이었어요. * 반면 집안일은 상관없다고 했는데, 얼음처럼 찬 강물에서 빨래하는 것은 월경에 아무런 영향도 주지 않는다나 뭐라나.

다시 말하지만, 돈을 벌지 않는 여성은 아무 문제없이 월경을 규칙적으로 할 수 있을 것이오.

『저주』, 54쪽

인류학자 에밀리 마틴(Emily Martin)은 다음과 같은 연구 결과를 발표했습니다. 역사적으로 전쟁이 일어났을 때처럼 일손이 부족할 때는 월경에 대한 위와 같은 논리들이 싹 사라졌다가 다시 여자를 집에 묶어 놓고 싶을 때 또 등장했다는 것입니다.

사장이 말합니다.

당신은 우리 공장에서 일할 수 없소!

당신이 생리 중일 때 너무 곤란해지거든.

전쟁이 터졌습니다.

뭐?

당연히 우리 공장에서 일할 수 있지요.

여자도 충분히 일할 만한 능력이 있어요.

그리고 4년 뒤.

아, 전쟁이 끝났군!

집으로 돌아가시오!

여자가 대항합니다.

말도 안돼요! 받아들일 수 없어요!

그럼 사장이 대답합니다.

오, 이 여자를 보게? 당신 생리하오, 안 하오?

생리하는 정상적인 여자라면, 우리 공장에서 일할 수 없소!

자, 독자 여러분, 무슨 얘기인지 감이 오죠?

역사 자료를 찾아보면서 가장 이상했던 점은, 어떤 의사나 학자도 여성의 월경이
자녀들을 돌보는 데 적합하지 않다는 것을 지적하지 않았다는 거에요.

월경전증후군 때 여자는 아이들에게
너무 거칠어져서, 이런때는 남자가
집에서 아이들을 돌보고
여자가 밖에서 일하는 게 낫다는
연구 결과를 아무도
내지 않았다는 말입니다!

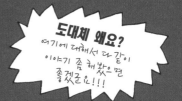

도대체 왜요?
여기에 대해서 다 같이
이야기 좀 해봤으면
좋겠군요!!!

어쨌든!!!

여기 또 월경에 대해 아주 열정적인 한 사람이 있었으니, 바로 지크문트 프로이트입니다!

프로이트가 그토록 월경에 열중했던 이유는 아마도 당시에 진한 우정을 나눴던 이비인후과 의사의 영향때문일지도 모르겠군요. 그 의사의 이름은 '빌헬름 플리스(Wilhelm Fliess)'입니다.

'빌헬름 플리스'는 월경에 관심이 아주 많았어요. 왜냐고요? 글쎄요, 제가 여러분에게 물어보고 싶네요.

귀나 코, 후두에 더 관심이 많아야 하지 않았을까요?

독자

물론입니다. 바로 빌헬름 플리스는 여자의 코가 성기에 연결되어 있다고 믿었습니다! 심지어 여기에 관한 책까지 썼습니다. 바로 『코와 여성 성기의 관계(Die Beziehungen zwischen Nase und weiblichen Geschlechtsorganen)』입니다.

책에서 플리스는 코피와 월경의 연결 고리를 이론화했습니다. 재채기와 오른 가슴의 관계에 대해서도요. 플리스는 코의 '어떤 부분'을 잘 다루면 성기의 다양한 질병을 고칠 수 있다고 주장했어요. 예를 들어 코카인을 코로 들이마시는 치료법을 내놨지요.

코카인을 코로 복용했습니다. 자, 생식기에 있던 문제가 아직도 느껴지나요?

아니요오오오옹!! 몸이 날아갈것같아요오오오옹!!

프로이트는 자신의 이비인후과 의사 친구를 참 좋아했더랍니다!! 그들은 거의 1만 통에 달하는 편지를 주고받았는데요, 주 소재는 그들 부인의 월경에 관한 이야기였습니다. 열심히 관찰한 것을 기록한 노트로부터 그들은 말도 안 되는 결론을 내놓았습니다.*

* 베르나데트 반티 지음, 『월경과 정신분석(Menstruation & Psychoanalysis)』, 출판부 아이린 어드링(University of Illinois Press), 1993년.

이번 달에 아내의 월경이 하루 늦어졌소.

정말 흥미롭군! 내 아내는 예정보다 반나절 빨리 시작했거든.

프로이트와 빌헬름 플리스는 너무 기뻤답니다!!!! 그런데 과연 그들의 환자들도 기뻤을까요? 프로이트의 환자였던 에마 에크슈타인(Emma Eckstein)은 그렇지 않았어요. 안타깝게도 에마는 프로이트에게 자신의 고민을 말하는 실수를 저지르고 말았답니다.

생리통이 너무 심해요.

흠.

프로이트의 절친한 친구가 에마의 진료 기록을 본 후, 그들은 함께 해결책을 찾았어요.

에마의 코를 수술하자!

수술은 곧장 진행됐지요! 플리스는 에마의 코를 아무렇게나 수술했어요.

신나는 금요일예!!!

탁 탁 탁 타닥

플리스가 얼마나 아무렇게나 수술했는지는 2주가 지난 뒤 드러났습니다.

129

에마의 코에서 피가 분수처럼 흘러나와
멈추지 않았기 때문이죠.

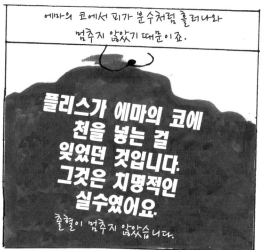

플리스가 에마의 코에
천을 넣는 걸
잊었던 것입니다.
그것은 지명적인
실수였어요.

출혈이 멈추지 않았습니다.

에마는 다른 의사 덕분에 살아날 수 있었어요.
프로이트는 플리스에게 편지를 썼습니다.

에마 에코 슈타인 씨 일로 마음이 많이 상했겠지만, 물론 나도 그렇다네. 자네에게 그 일에 대한 보고서를 요구할 수밖에 없는 나를 이해해주게.

자네도 나처럼 하루빨리 제자리를 되찾길 바라네.

* 럽턴, 22쪽.

프로이트는 에마의 출혈 원인을 이렇게 설명했습니다.

에마의 출혈은 근본적으로 우울증 때문에 생긴 히스테리가 그 원인입니다. 또한 우울증의 원인은 '월경 주기'와 관련한 것으로 보입니다.

* 럽턴, 23쪽.

게다가 프로이트는 1896년 플리스에게 보낸 편지에 이렇게 썼습니다.

에마 씨는 우울증 때문에 출혈했었지. 그런데 에마 씨는 이미 오래전부터 출혈을 앓아왔어. 어린 시절에는 코피로 고통스러워했거든.

월경하지 않았던 몇 년 동안은 두통으로 힘들어했고, 스스로 암시를 건 거야.

* 럽턴, 24쪽.

따라서 지난번 출혈 사건에서 자네는 완전히 무죄네!

* 럽턴, 25쪽.

그렇게 사건은 좋게 마무리되었습니다!!

에마 에코 슈타인의 얼굴 한쪽이 침몰했다는 것만 빼면요. 그 때문에 에마의 삶이 완전히 달라졌다는 것도 빼면 말이죠.

죽심. 그리고 여전히 생리통이 심하다고요.

흠! 그럼 잠시 우리가 이 장 처음에 했던 질문으로 다시 돌아가 볼까요?
그러니까 왜 생리대와 탐폰 광고들은 그토록 '상쾌', '순수', '깨끗함'이란 단어들에 집착하는지 말이에요.

깨끗함

깨끗함
깨끗함
깨끗함
깨끗함　　깨끗함

깨끗함
깨끗함

깨끗함
깨끗함　　깨끗함
깨끗함　　깨끗함

깨끗함

깨끗함
깨끗함　　깨끗함　　깨끗함　　깨끗함
깨끗함

깨끗함　　깨끗함
깨끗함　　깨끗함

깨끗함
깨끗함　　깨끗함
깨끗함

깨끗함
깨끗함
깨끗함
깨끗함　　깨끗함
깨끗함　　깨끗함
깨끗함
깨끗함
깨끗함
깨끗함　　깨끗함
깨끗함
깨끗함　　깨끗함
깨끗함　　깨끗함
깨끗함
깨끗함　　깨끗함
깨끗함
깨끗함
깨끗함
깨끗함
깨끗함
깨끗함　　깨끗함
깨끗함
깨끗함
깨끗함
깨끗함
깨끗함
깨끗함
깨끗함
깨끗함
깨끗함
깨끗함

느낌이 오시죠? 그러니까 그들의 상품이 사용자에게 제공하는 것이 바로 '깨끗함'이라는 관념이고 이를 우리에게 주입하고 있는 것이죠. 그런데 이것은 월경이 바로 이 '깨끗함'과는 반대되는 것이라는 관념도 생산하고 있습니다. 생리는 불쾌한 것이고, 그래서 여자는 깨끗함을 되찾을 무언가가 필요하다고요. ➡

131

그 이유는 물론 우리가 지금까지 살펴본 대로, 가부장적인 사회의 역사 속에 있습니다. 그러므로 현 사회에서도 이러한 관념은 계속 이어져가고 있으며, 일회용 생리대의 소비를 높이려는 상업적 동기가 그러한 문화와 손을 꼭 잡은 것이지요.

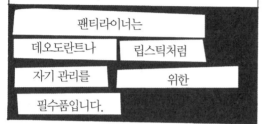

팬티라이너는 데오도란트나 립스틱처럼 자기 관리를 위한 필수품입니다.

그리고 '상쾌함', '깨끗함'과 같은 생리대의 이미지는 사실 아주 모순적인 면이 있습니다.

생리대는 제품 성분의 90퍼센트가 원유인데, 이것은 자연에서 분해되지 않고 영원히 남습니다.

최대한 미세 입자로 분해한다고 해도, 우리의 양식을 재배하는 데 쓰이는 지하수층과 땅을 오염하죠.

플라스틱을 태우면 다이옥신이 공기 중에 배출되고, 그것은 물을 오염합니다.

스칸디나비아에서는 매년 9000만 개가 넘는 생리대를 태우거나 쓰레기장에 묻습니다. (출처: www.ekohygien.se)

따라서 생리대가 우리를 "매일매일 깨끗하게" 만들어준다고 광고하기보다는 생리대가 플라스틱 성분을 함유하고 있음을 제대로 밝혀야 할 것입니다.

"500년 동안 계속될 더러움!"

아마도 생리대 판매업자들이 '깨끗함'으로 상품의
인상을 포장하기를 고집하는 것은 심리학에서
말하는 자기 투영과 같은 것이 아닐까요?

자기 투영은 심리적으로 자기 보호를 위한
행동 메커니즘을 말합니다. 스스로 직시하고 싶지 않은
자기 약점을 다른 사람에게 투영하는 것입니다.

마찬가지로 생리대 회사들이 월경은 더럽고 그들의 상품이 깨끗함을
제공한다는 주장을 계속한다면, 바로 이 태도야말로
진실은 그 반대임을 입증하는 것이죠.

그러므로 재사용할 수 있는 생리대를
사용하시길 권합니다. 생리컵 같은 걸 말이에요.
구글에서 많은 정보를 찾아보실 수 있을 거예요.

그럼 이쯤에서
생리에 대한
다른 이야기로
넘어가 볼까요.

월경이 신비로운 현상이나 존재론적이고 창조성과 근접한 경험으로 다뤄지지 않고, 우리 문화에서 철저히 무시되고 있는 것은 참 유감스러운 일입니다. 그뿐만 아니라 대중이 공개적으로 월경에 대한 경험을 서로 교환하고 대화할 기회가 거의 없는 것도 **안타까운 현실이죠.**

그런데 여기 브루노 베텔하임이라는 정신분석학자가 흥미로운 이야기를 하고 있습니다. 우리 문화에 월경을 상징하는 것들이 넘쳐난다고요!

안녕하세요! 바로 접니다!

저화 함께 문화 속에 숨겨져 있는 월경의 상징들을 찾아볼까요!

베텔하임에 따르면 월경이 금기시되면서부터 인간 잠재의식에서 가장 깊은 구석으로 내몰렸지만, 꿈이나 신화 그리고 민담을 통해서 월경의 상징이 드러난다고 해요.*

* 브루노 베텔하임, 『마법의 사용법
(The Uses of Enchantment)』.
(한국어 판은 『옛이야기의 매력』
(시공주니어, 1998년)으로 발간되었습니다.)

베텔하임은 민담이 사람들에게 다양한 삶의 변화 속에서 겪는 집단적인 경험을 이야기할 기회를 준다고 했어요. 삶이 변화할때 예전의 '나'는 죽고 새로운 '내'가 재탄생합니다. 그리고 첫 생리 경험은 중요한 삶의 변화 중 하나입니다. 유년기에서 청년기로 넘어가는 것이죠.*

그래서 월경이라는 주제가 동화에 자주 등장하는 거랍니다.

* 『데블하임』 45쪽.

그렇다고 브루노처럼 월경의 상징들을 찾아내려고 아무것이나 마구 달려들지는 마세요. 그러다가는 스쿠비 두(Scooby-Doo)*에도 그 상징이 있다는 등 엉뚱한 소리를 할지도 몰라요!!! ☺

스쿠비 두비 두!

이건 '배란'을 상징하죠.

* 역주: 미국의 만화 시리즈.

어쨌든! 모두 알 법한 동화들을 예로 들어보지요. 사춘기 즈음의 소녀가 등장하고, 그 소녀가 사악한 힘의 위협에 시달리는 이야기를 담은 동화 말이에요.

잠자는 숲속의 미녀는 물레에 손가락이 찔리고 깊은 잠에 빠지죠.

아야!

오!

백설 공주는 사과를 깨물어 먹다가 혼수상태에 빠집니다.

신데렐라의 언니들은 구두에 발을 맞추고자 뒤꿈치와 엄지발가락까지 잘라내지만 피로 가득 찬 구두가 그들을 배반하지요. 결국 왕자는 언니들의 속임수를 눈치챕니다.

아악!

뚝뚝!

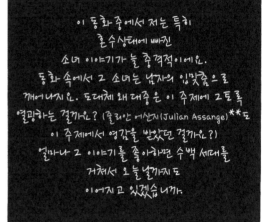

이 동화 중에서 저는 특히 혼수상태에 빠진 소녀 이야기가 늘 충격적이에요. 동화 속에서 그 소녀는 남자의 입맞춤으로 깨어나지요. 도대체 왜 대중은 이 주제에 그토록 열광하는 걸까요? (줄리안 어산지(Julian Assange)**도 이 주제에서 영감을 받았던 걸까요?) 얼마나 그 이야기를 좋아하면 수백 세대를 거쳐서 오늘날까지도 이어지고 있겠습니까.

** 역주: 위키리크스(Wikileaks) 설립자. 2010년 성범죄 혐의로 체포되었다.

그런데 베텔하임의 관심은 다른 사람들처럼 왕자의 입맞춤으로 깨어나는 소녀에게 있지 않았어요. 베텔하임은 동화 속에 월경이라는 주제가 바탕에 깔렸다고 생각했습니다. 특히 잠자는 숲속의 미녀는 월경이 이야기의 핵심이라고 했죠.

잠자는 숲속의 미녀는 월경에 대한 서사시입니다!

뭐라고요? 잠자는 숲속의 미녀가 월경에 대한 서사시라고요?????

다들 아시다시피, 잠자는 숲속의 미녀에서 사건의 발단은 공주에게 내려진 마녀의 저주에 있어요. 공주가 청년기에 이를 때 물레의 바늘에 손가락이 찔려 피를 흘리리라는 저주이지요. 그것을 들은 공주의 부모는 너무 불안해서 수단과 방법을 가리지 않고 저주를 피하려고 애씁니다.

우리 딸은 절대로 피를 흘려서는 안 돼!!!

여기서 우리의 정신분석학자 베텔하임이 지적합니다.

공주의 불행한 운명은 월경을 상징하지요. 영어로 월경은 '저주(the curse)'이기도 합니다.

마녀의 저주에 대한 부모의 반응은 월경에 느끼는 공포와 불안을 상징합니다.

어린 소녀에게 저주를 내린 열세 번째 마녀의 숫자 '13'도 의미가 있습니다. '13'은 옛 음력 날짜로 열세 개의 달을 의미하므로 마녀의 '13'은 1년 동안 열세 번 하는 월경을 상징하죠.

당연히 아무도 이 저주를 피할 수 없습니다. 받아들이는 수밖에 없지요. 갑작스러운 출혈에 쓰러진 소녀는 그대로 누워서 100년 동안 잠을 잡니다.

쿨쿨쿨쿨

쿨쿨쿨쿨

그리고 장미꽃이 가득 피어 공주의 주위를 둘러쌉니다. 이 꽃 역시 월경을 상징합니다. 영어로 월경은 '꽃(the flowers)'이라고도 불리잖아요.

* 알프레트 아들

아하! 그런데 박사님, 이게 다 무슨 의미가 있죠?

베텔하임 박사는 이 동화가 유년기에서 청년기로 가는 변화를 이야기하고 있다고 생각합니다. 이때는 인생의 강렬한 순간이기도 하지만, 아주 불안한 시기이기도 하지요.

이 시기에 보통 아이는 자신의 내면에 집중하게 됩니다. 혹은 이 시기가 지나갈 때까지 기다리면서 일종의 '잠'을 잡니다. 이것은 얼핏 수동적인 태도로 보일 수도 있지만, 사실 정신적인 성숙을 위해 필요한 과정이죠. 이 과정은 아주 무거운 것이므로 아이에겐 외적인 활동에 쏟을 에너지가 부족하지요!

이러한 해석에 따르면 잠자는 숲속의 미녀는 첫 월경을 하게 된 소녀이며, 그녀에게 이 경험은 너무 힘든 것이어서 마치 채소가 아무것도 하지 않으면서 천천히 자라나듯 무위 생활을 합니다. 이것이 주변 사람들에게는 마치 100년 동안의 잠처럼 길어 보이는 겁니다.

안 돼! 저주에 걸리고 말았어!

얼마나 시간이 많이 흘렀는데!

아직도 자는 거니?

ZZZZZZZ

베텔하임은 이렇게 썼습니다.

이러한 조용한 진화 과정은 겉으로는 마치 아무 일도 일어나고 있지 않은 것처럼 보여서 아이의 부모를 불안하게 하지요. 왜냐하면 흔히 우리 사회는 문제의 해결이 외적으로 확연하게 드러나지 않으면 아무 소용이 없다고 해버리니까요.

잠자는 숲속의 미녀는 정신적 성장을 위한 침묵의 시기가 가장 유익할 수도 있음을 보여주고 있습니다.*

* 베텔하임, 267쪽.

자기 자신에게 내적으로 집중하면서 보내는 시간은 어린 소녀가 다시 외적인 삶을 살 수 있는 훌륭한 거름이 됩니다. 다시 밖으로 나가 누군가와 입맞춤하는 등등 그 밖의 것도 할 수도 있고요!

잠자는 숲속의 미녀는 이렇게 생각하고 있지 않았을까요.

나는 정신적 성숙의 과정에 있는 거야.
영적인 무언가와 연결되어 있어.

앞으로 100년 동안은 이 깊은 피의 바다 그 속에 잠겨서

죽음을 생각해야 해.
나는 잠자는 숲 속의 미녀.

뜨거운 피가 계속 흐르지.
어둡고 붉은 장미꽃이 나를 둘러싸고 있어.

그리고 죽음과 같은 침묵이.
나와 같은 소녀들의 얼굴 위에는
두려움이 서려 있어.

저 타는 듯이 붉은 장미꽃과 같은 얼굴들.

잠자는 숲속의 소녀들아,

무서워하지 말렴.

잎이.
거예요.

그래픽 로직 010

이브 프로젝트
: 페미니스트를 위한 여성 성기의 역사

초판 1쇄 발행 2018년 1월 12일
글·그림 리브 스트룀키스트
옮긴이 맹슬기
펴낸이 윤미정

책임편집 차언조
책임교정 김계영
홍보 마케팅 이민영
디자인 엄세희

펴낸곳 푸른지식 | **출판등록** 제2011-000056호 2010년 3월 10일
주소 서울특별시 마포구 월드컵북로 16길 41 2층
전화 02)312-2656 | **팩스** 02)312-2654
이메일 dreams@greenknowledge.co.kr
블로그 greenknow.blog.me
ISBN 979-11-88370-09-2 03330

* 잘못된 책은 바꾸어 드립니다.
* 책값은 뒤표지에 있습니다.

이 도서의 국립중앙도서관 출판시도서목록(CIP)은
서지정보유통지원시스템 홈페이지(http://seoji.nl.go.kr)와
국가자료공동목록시스템(http://www.nl.go.kr/kolisnet)에서
이용하실 수 있습니다. (CIP제어번호: CIP2017034633)